Virgen en los Negocios

Prepárate para emprender con dolor y placer

Heidi Pereira

Dedicatoria

Este libro está dedicado a un ser muy especial, *Mi padre*. Para el momento en que se imprime el libro, llevo casi 8 años sin verlo. Nadie sabe lo que una hija siente alejada del hombre que la hizo vivir y soñar como una princesa.

Espero que te sientas orgullosa de mí. Tú y mamá me dieron la fuerza y la seguridad para convertirme en una profesional y en una madre abnegada. Ahora me reinvento constantemente como emprendedora y me expando por el mundo como escritora y conferencista.

Gracias

Manuel Pereira Correia.

En tu honor...

Índice

CAPÍTULO I

"Espejito, espejito…"
¿Estoy listo/a para emprender?

¿Naciste para esto?

Y aquí comienza todo. Desde que papá y mamá te engendraron estoy segura no pensaban en tu futuro como emprendedor o empresario. Simplemente naciste de un chispazo de amor o pasión de ambos.

Supongo que tú tampoco pensaste en que comprarías un libro que te llevaría al camino del emprendimiento, pero, si ya tomaste la decisión, de aquí para atrás no importa lo que estabas haciendo con tu vida, ahora lo que más importa es que tienes la curiosidad de crear una empresa y yo te voy a enseñar de la mejor manera, como se debe tratar a una persona "virgen en los negocios" para que no te duela tanto o, si vas a sufrir, al menos lo goces mientras pasas al siguiente nivel.

En este mundo, todo ser humano que tenga la habilidad de levantarse temprano, darle la cara a la vida con una sonrisa, que evite quejarse, sea positivo y vea que a su alrededor hay problemas que puede solucionar: ¡jamás se conformará con vivir de un sueldo o dentro de una rutina que lo haga sentir uno más del montón!

Así que, si creías que se necesitaba tener un ADN especial para ser emprendedor, déjame decirte que acabas de descubrir que eso no es lo que hace triunfar a la gente. Desde ahora, podrás prepárate para llegar más rápido a las metas sin importar que en algunas situaciones no sean tan favorables, pues tu mente estará entrenada para ser resistente y explotar lo mejor de ti para dos cosas: hacer dinero y servir a las personas sin sacrificar tu felicidad.

No te dejes dar "palo" por la gente

Voy a comenzar dándote un panorama de cómo es la sociedad con el emprendedor. Quisiera decirte que tendrán compasión de ti para que levantes un buen negocio, pero la verdad es que mientras más te vean la cara de ingenuidad, más querrán "darte palo" para que te duela y te traumes en el camino.

La buena noticia es que, con un poco de preparación, podrás comenzar dar tus primeros pasos como una persona experta y ganarás más respeto y aceptación de la sociedad.

Desde mi experiencia, sé que tendrás que enfrentarte con rivales que no están por encima de ti, sino más bien a la par tuya y que están buscando generar un negocio que les dé mucho dinero, porque nunca faltan "los envidiosos".

También vivirás momentos donde escucharás ofertas de trabajo que nunca antes habías recibido, esta circunstancia yo la califico como "el diablo saboteando el camino a la felicidad".

Así que lo mejor que puedes hacer es mentalizarte que "emprender es tu única opción para salir adelante y que nada ni nadie te detendrá".

Etapa 1: Soñando despierto

Y todo comienza cuando estamos en la cama soñando despiertos. Nos imaginamos administrando un negocio que nos llevará a viajar por todas partes del mundo y que nos dejará mucho dinero de ganancia. Nos vemos triunfando con una idea que a nadie se le ha ocurrido y que nosotros sabemos que podemos desarrollar con lo que hemos aprendido en la vida.

Te lanzarás a la aventura y podrán ocurrirte dos cosas: Te darás cuenta que la idea no era tan buena y al poco tiempo te enrumbes en un nuevo negocio o que te quedes con la primera idea y seas persistente. Ya verás que poco a poco entenderás el mercado y podrás mejorar tus estrategias subiendo tus márgenes de ganancia.

Ahora bien, ¿qué va a pasar con la gente que te está observando en esta etapa? Lo más seguro es que se burlen de ti y digan que eres "un niño o niña jugando a ser empresario". Mi opinión es que eres una persona virgen que se está jugueteando con los anticonceptivos de la farmacia, para ver cuál se ajusta mejor a tu cuerpo.

Obviamente, en esta primera etapa tendremos mucho miedo, no tenemos un panorama claro de cómo es el mercado. Pero será necesario que pases un buen tiempo conociendo el entorno y cómo es la aceptación del producto o servicio que estarás ofreciendo. Créeme, también hay gente que te ayudará, en especial aquellas que saben que, si triunfas, un día podrán ir a tu oficina a pedirte trabajo.

En esta etapa **serás juzgado** por la sociedad como el **"niño que juega a ser emprendedor"**. Tu misión **es madurar** con el tiempo y **no darte por vencido** ante los obstáculos.

Etapa 2: Disfrutando y pidiendo más

Si logras sobrevivir 2 años en el mercado te sentirás como un adolescente rebelde a quien nadie "le va a echar cuentos" porque de seguro te habrás caído bastantes veces y ya sabes cómo hacer que el negocio genere dinero. Por tanto, estarás convencido de que tanto la sociedad como el gobierno deben estar dispuestos a apoyar tu emprendimiento. Es aquí, cuando buscarás ángeles inversionistas, capital semilla o subsidios, y te acreditarás el derecho de recibir dichos beneficios, porque si no querrás "tirar la toalla" y "dejar todo hasta aquí". Claro, como en todo hay su excepción, pues habrá quienes aun creyendo que es injusto que nadie te apoye, seguirán adelante luchando por sus sueños con recursos propios.

Pero te tengo buenas noticias. Algunas personas querrán ayudarte, sumarás personas a tu equipo y aprenderás a moverte entre préstamos o capital semilla;

también debo decirte que existirán otras personas que "te pondrán el ojo" pero preferirán mirar los toros desde la barrera, porque lo que haces no es algo de interés para ellos.

En esta etapa comenzarás a verte como **"un adolescente emprendedor"**, no eres ni tan niño ni tan adulto. Pero, si quieres **ganarte el respeto** de la sociedad, **debes continuar** con o **sin ayuda** de socios o inversionistas.

Etapa 3: Llegaste a la etapa adulta

Ahora bien, si has logrado sobrevivir a todo lo que conlleva crecer en los negocios, con o sin ayuda, te habrás convertido en un empresario/a. Ya no harás berrinches ni estarás esperando plata del gobierno. Ahora, serás tú quien llevará las riendas del negocio.

Para este momento, serás la persona que pagará la renta, el recibo de la luz, impuestos y todo lo demás que necesitará tu empresa. Tendrás un negocio rentable que te generará unos márgenes de ganancia que te permitirá vivir bien. De este modo, disfrutarás de ver cómo la gente comenzará a buscarte, lo que quiere decir, que ya no serás tú buscando a nadie, ni detrás de nadie. Te llegarán propuestas de personas que querrán ser tus socios comerciales, te expandirás creando nuevos nichos de mercados y productos, generarás fuentes de empleos y, por supuesto, generarás mucho más dinero. Indiscutiblemente habrás logrado que la gente apoye tu proyecto.

En esta etapa la sociedad te respetará como **"el empresario adulto"**, quien trae consigo una **vasta experiencia** y, sin querer, serás la persona en la que muchos querrán **convertirse**.

Etapa 4: Ayudando a otros a soñar

Hay una última etapa, que espero todos podamos llegar para cumplir nuestro ciclo como emprendedores Para este momento, serás exitoso, tendrás experiencia y serás libre financieramente. Estando aquí, querrás invertir tu dinero en causas que te permitirán vivir en un mundo mejor.

De esta manera, voltearás a mirar a otros que, como tú, alguna vez fueron virgen en los negocios, los ayudarás a avanzar al siguiente nivel potenciando sus ideas con tu dinero. ¿Te das cuenta de cómo nos interrelacionamos cuando estamos alineados en un mismo enfoque?

Manteniéndonos en la línea de la percepción de la sociedad, habrá mucha gente que comenzará a seguirte y se volverá un fan de tu negocio, se sumarán a tu causa social, consumirán tu marca y democráticamente elegirán gastar su dinero en las empresas que dirijas para seguir haciendo crecer los negocios que están dando valor agregado a la humanidad.

Aquí serás visto por la sociedad como **"un sabio"**, ese que es capaz de aprovechar los recursos para **apoyar a los emprendedores y empresarios**, en alguna de las etapas ya señaladas.

Un extra: Mi respeto hacia la mujer emprendedora

Este fragmento del libro no estaría completo sin mencionar todos los retos que deben pasar las mujeres cuando deciden gritarle al mundo "Quiero dejar de ser virgen en los negocios".

Existe una construcción cultural desde niñas, que es indignante, ya que encierra en un ciclo de vida que se resume de la siguiente forma: nacer – reproducirse – criar y. mantener la casa limpia – morir.

Pero, la realidad es que la mujer empresaria vive una realidad muy difícil desde el hogar. La Organización de las Naciones Unidas asegura que las mujeres dedican entre 1 y 3 horas más a las tareas del hogar que los hombres y entre 2 y 10 veces más de tiempo al cuidado de los hijos que ellos. En la Unión Europea, un 25% de las mujeres han dejado su trabajo a la fuerza, debido a asuntos familiares, mientras que el porcentaje de los hombres es de apenas el 3%.

En este sentido, si una mujer quiere continuar en este camino del emprendimiento debe contratar manos auxiliares, porque su esposo o compañero pocas veces la ayuda "este es el patrón machista", los hijos pequeños dependen de un adulto y los hijos grandes están muy ocupados en sus quehaceres. Pero, realmente, contratar a alguien es un problema económico, que suma a la desigualdad de género, pues no todas cuentan con capital para comenzar un negocio.

Otra razón por la que las mujeres tienen más retos para hacer negocios a grandes escalas, es porque cuentan con menos avales que los hombres para solicitar un crédito en cualquier banco, ya que tienen menos referencias laborales, así lo refleja un informe del Banco de Desarrollo de América Latina (2020) donde asegura que las solicitudes de créditos presentadas por mujeres tienen un 14.8% menos de probabilidades de ser aprobadas que las de los hombres. El Banco Mundial también comprobó que las mujeres tienen 9% menos de probabilidades de tener una cuenta bancaria y que la fuerza laboral de las mujeres desde el 2000 hasta el 2019 se redujo del 51% al 48%, lo que significa que cada vez hay menos damas activas en los empleos tradicionales.

Por toda esta situación, coincido con el pensamiento de Pilar Tallón, Co-Fundadora y Directora de Escuela Internacional de Negocios Empresariales de Madrid, España, *"La unión hace la fuerza y las mujeres empresarias tenemos que estar juntas y compartir experiencias, logros, dificultades, éxitos, etc.".* Particularmente, pienso que las mujeres más fuertes somos las que nos empoderamos y nos ayudamos las unas con las otras para salir adelante.

Cuando una **mujer se empodera** y **toma el control de sus finanzas**, se dignifica y es absolutamente admirada por la sociedad, de hecho, **se convierte en un ejemplo** para todos.

La gente sabe lo difícil que es, para una mujer, llegar a ser empresaria, madre, esposa y la que sabe qué color de ropa echar a la lavadora para que no se manche con el cloro.

En definitiva, el inconsciente colectivo sabe realmente qué papel estás jugando en la sociedad (niño-adolescente-adulto-sabio o mujer empresaria).

Lo importante, aquí, es que vayas madurando en tu proceso de llevar adelante la idea de negocio hasta un nivel en que puedas monetizar y generar fuentes de empleos. En esa medida, llegarán a ti las personas indicadas y podrás escalar más rápido.

Lo que explico en esta parte, lo compartí en Youtube, luego de ser invitada por los organizadores de Tedx San José de David en Panamá:

El rol de la mujer empresaria en el colectivo | Heidi Pereira Navas |
TEDxSanJosédeDavid

El tipo de emprendedor que puedes llegar a ser

Muchos de los emprendedores que se acercan a mí, no saben cómo generar ingresos con sus talentos y pasiones, pues muchos -no todos- quieren vivir trabajando en lo que se les da muy bien hacer.

El detalle está en que muchos de ellos confunden su *hobby* con su pasión. La diferencia es clara: sí comienzas haciendo lo que te gusta, pero no eres capaz de convertirlo en un negocio rentable, y cada mañana te levantas para seguir dándole vida a eso, entonces es un *hobby*. Nadie que tenga mentalidad empresarial puede durar 3 años haciendo lo mismo sin generar márgenes de ganancias y ser feliz: ¡Nadie!

Debes mentalizarte que el negocio debe ser construido con base en una causa que tenga afinidad con tus valores como ser humano. Ya eso es suficiente para que se vuelva una pasión, para que cuando salgas a la calle no te importe que te tiren la puerta en tu cara 20 veces, porque tú vas a continuar.

También debes salir a la calle convencido de que lo que estás haciendo vale dinero, y quien no quiera pagarlo no es digno de tener tu producto o servicio. Porque tú lo que quieres es recibir dinero de la gente que es igual a ti, es decir, que tiene tu misma visión e ideales, porque eso que va a consumir lo va ayudar a crecer.

En otras palabras, tú necesitas que el consumidor se convierta en "cómplice" de tu proyecto, porque si no tienes clientes: de nada te va a servir tener una idea genial.

Para colaborar contigo, voy a modelar 4 tipos de emprendedores que he formado y estudiado alrededor de varios países, unos físicamente y otros digitalmente a través de Internet. Esto te va a ayudar a tener un punto de partida y a comenzar a desarrollar estrategias para convertirte en el emprendedor que deseas ser.

El emprendedor oportunista o comercial

Esta persona ha desarrollado muy bien el arte de las ventas, de hecho, ese es su talento. Por tanto, sólo necesita tener un buen producto a la mano para venderlo. Sabe detectar lo que necesita la gente, por eso, sabe qué vender, según las temporadas, o lo que se va desenvolviendo en el camino.

Ventaja: Es la persona con la cual cualquier emprendedor quisiera **hacer negocios**, porque tanto él como la persona que se le acerque, **van a tener dinero**.

Desventaja: Como se le da muy bien hacer dinero, es muy derrochador. Así que, si eres un emprendedor comercial, deberás encontrar un socio que sea buen administrador; y, si eres el socio, ponle un freno, sin que esto le impida sentirse en abundancia, porque si no, te va a ser infiel y se irá con quien lo deje vivir en opulencia.

Emprendedor por accidente

Es simple, "sin querer queriendo", se topó con una idea que se le vino a la mente o vio la oportunidad de hacer negocio y lo arriesga todo. De esta forma, se lanzan a la aventura y tiene éxito.

Ventaja: Dicen que el tren pasa una sola vez y **si no lo tomas lo pierdes**. Así que esa idea es tan buena que quien se **sube al tren** con este emprendedor, **se va a la cima**.

Desventaja: El problema está en que, pensar en nuevos negocios no es su fuerte, recuerda que todo fue por accidente. Así que, en momentos de crisis, no sabe qué hacer para mantenerse a flote en el mercado. El consejo en este modelo es que no emprendas solo, siempre será bueno contar con alguien que sepa *pivotar en el equipo.

*** Pivotar** implica un cambio radical en el modelo de negocio para centrarse en una oportunidad de mercado diferente

Emprendedor por necesidad

Son los más comunes que encontrarás. Por lo general, esta persona emprende desde su empleo, porque no está conforme con lo que gana. También ocurre que llegan los hijos, se murió el sostén de la casa… en fin, estos emprendedores nacen porque no quieren vivir en la ruina.

Ventaja: Dile que de "la vuelta canela" ("vuelta carnero" o "voltereta") o se haga el muerto, y **hará lo que sea** con tal de ganarse unos centavos más. Estas personas siempre buscan **salir de momentos de crisis**, así que muchos de ellos ven las oportunidades de negocio más rápido que otros emprendedores, por lo que pueden terminar montando **un negocio exitoso**.

Desventaja: En la mayoría de los casos no es apegado a ningún proyecto que inicia, así que cuando sale de la crisis dejarán todo hasta allí, y si consigue un empleo mejor, no lo piensa dos veces para volver a su zona de confort y subsistir de la quincena, mientras hace uno que otro "negocito" que le deje un extra para sus lujos.

Emprendedor Social

Nace del amor y busca el bien común. No es apegado al dinero ni está buscando fama. Por tanto, este es el tipo de emprendedor que la sociedad busca para darles dinero, aunque ellos no se lo esperen, para apoyarlos en la causa, pues lo que les importa es que el emprendimiento sea una salvación para la sociedad.

Claro, como en todo hay excepciones, y habrá quienes se les acerquen "vestidos de cordero" con tal de tener una buena imagen o, por el contrario, buscan limpiar su imagen de ser "malas personas". También llegarán otras personas con mente más ambiciosa, para ver cómo pueden sacarle provecho a la idea y convertirla en un negocio lucrativo.

Ventaja: Esta persona al principio no lo sabe, pero **es la que más puertas se le abre** y vive en plenitud disfrutando del emprendimiento, lo que termina siendo su **sustento de vida**.

Desventaja: Para que todo esto sea una maravilla, esta persona debe luchar contra los prejuicios sociales, en especial "la envida", pues a mucha gente no le entra en su cerebro la idea de que alguien esté haciendo algo por el mundo, más allá del dinero. Será emprendedor tildado de estafador y querrán robarle la idea para monetizarla.

Emprendedor innovador o visionario

Piensa en proyectos a largo plazo y está bien documentado de las tendencias. Su éxito está casi garantizado en la medida que sepa cómo relacionarse con la gente clave para escalar.

Ventaja: Cuando se es un emprendedor de este tipo, se logra algo que muy pocas personas hacen: **estudiar bien el mercado** antes de invertir un dólar de tu bolsillo. De hecho, es capaz de **comenzar con dinero de otras personas** que invierte en ese proyecto, porque saben que su cerebro vale más que cualquier persona con plata, carentes de planificación y estrategia. **El éxito es casi seguro**.

Desventaja: El problema de la mayoría -para todo hay excepciones- es que no saben relacionarse muy bien. Se meten tanto en la computadora, trabajando en sus investigaciones, que les cuesta salir al campo de batalla y experimentar con su idea. Este emprendedor por lo general es algo tímido, pero cuando se destapa a hablar de lo que ha descubierto, hablan tanto que nadie los entiende por ser muy calculadores. Por tanto, casi siempre necesita ser acompañados de alguien que sepa de negocios, de relaciones y contactos. Esta persona lo sabe, así que casi siempre se arriesga a tener un socio, aunque muchas veces termina siendo estafado por estos "tiburones", que le roban su idea y hace que muera su espíritu emprendedor.

Vamos a hacer un ejercicio para que pongas en balanza tu carácter y ver qué tipo de emprendedor/a podría semejarse a ti:

Actividad: Coloca un ganchito en cada una de las características que te identifica como emprendedor. Si tienes muy pocas cualidades, esto te motivará a pensar para mejorar, pero, si tienes más de la mitad ¡Felicitaciones! Es tu momento de crear una empresa:

Tienes muchas ideas	Eres curioso /a	Tienes deudas que pagar
Eres arriesgado/a	Te gusta calcular	Estas desempleado/a

Quieres cambiar al mundo	Te encanta hacer dinero	Tienes disciplina y eres constante

Une toda con las que te identificaste, y si aún tienes más características, agrégalas, luego busca un tipo de emprendedor que te identifique.

Sigue el ejemplo de quienes hoy lo lograron

Los primeros pasos que damos en el emprendimiento son determinantes para ahondar nuestras raíces y convertirnos en el arbusto que sostendrá los frutos de nuestra dedicación y constancia.

En mis inicios, tuve varios momentos de declive emocional. Estaba tan afanada en salir adelante con mi proyecto (un medio de comunicación digital que proyectara a los emprendedores de todo el mundo) que, cuando las cosas no iban bien o alguien me decía que mis hijos iban a morir de hambre por no querer buscar un empleo, tuve que ponerme en manos de profesionales para que me sacaran del cuadro depresivo en el que me encontraba.

La verdad, me sentía como en una novela donde había perdido la virginidad en manos de alguien que no me había valorado. Estuve en acompañamiento durante un par de meses con una psicóloga que, al principio no me decía nada, sólo dejaba que me desahogara. Y, luego, su consejo final fue: *"sé tú misma"*.

Si te digo algo no me lo vas a creer. Más allá de sentirme animada con la respuesta, me decepcioné. ¿Cómo era eso que fuera yo misma, si me sentía un desastre total? La psicóloga sabía que yo tenía unos sueños maravillosos que alcanzar, sabía también que nadie me iba a detener, porque nunca negocié en las consultas la factibilidad de renunciar a mi proyecto.

El detalle estaba en que yo no me sentía a gusto conmigo misma (nunca se lo dije a la psicóloga), porque estaba inconforme con los resultados que estaba obteniendo. Cierto, mis hijos y yo no estábamos comiendo bien, trabajaba más de 8 horas, pero ganaba menos de un salario mínimo y tenía cara de necesidad, pues, por algo la gente me criticaba.

Fue así como comencé a buscar autoayuda con influyentes *(influencer)* en el mundo digital. Sí, esos que se ven llenos de éxitos, que en sus discursos te dicen *"tienes que ser diferente y extraordinario"*. Y eso era lo que yo quería escuchar: "ser diferente". Es más, yo quería "ser como ellos", no quería ser "yo misma".

Así que me dediqué a verlos durante horas, analizarlos, escucharlos, mirar sus vestuarios, leer los libros que recomendaban (en realidad, escuchaba audio-libros) e, incluso, comencé a actuar como ellos. Yo era un híbrido de Deepak Chopra, Daniel Habbif, Yokoy Kenji, Junger

Klaric, Juan Diego Gómez, Mauricio Benoist, Miguel Ángel Cornero, Regina Carrot y hasta de Shakira, que hacía que siempre estuviera con una faja en mi casa, ¡para no perder la cintura!

Comencé a prepararme para dar discursos con lo que recopilaba de cada uno de ellos. Estaba clara, si salía frente al público siendo yo misma, lo mejor que podía hacer era pedir trabajo en **La Rosa de Guadalupe** que, en México y en el mundo, es una telenovela famosa por las historias de pasión y dolor que viven sus personajes. Así que debía convertirme en uno de mis *influencers*, mientras pasaba la transición de convertirme en quien quería ser: "una mujer de negocios y de éxito".

Esta misma estrategia la apliqué después, con todas las demás cosas que hice. Cuando creé la página web www.elcanaldelosemprendedores.net busqué las mejores que encontré en internet y extraje lo mejor de todas para desarrollar la mía. Cuando comencé a hacer bazares para emprendedores, primero observé como lo hacían otros y extraje lo mejor de ellos para tener un bazar que fuera grato para emprendedores y clientes. Y, de esta manera, he venido construyendo muchos de mis proyectos.

Por tanto, te invito a que construyas una lista de las mejores cosas que encuentres en internet relacionadas con tu emprendimiento, desde influyentes hasta negocios parecidos al tuyo o al que sueñas llegar a tener. No se trata de imitar, se trata de verte en el espejo a dónde quieres llegar y estar.

YouTube Regina Carrot: Cuando sientas miedo en tu vida, acuérdate de este video.

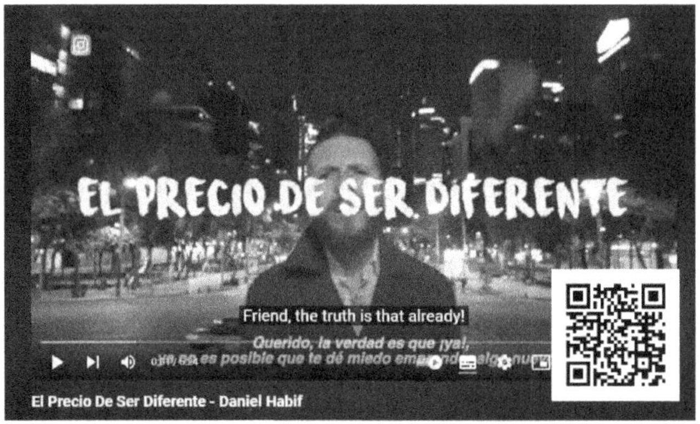

YouTube Daniel Habif: El precio de ser diferente

¿Y qué pasa con los exitosos de carne y hueso que están en nuestro eje? Si me hacen esta pregunta, les voy a salir con una respuesta que, créanme, no van a querer escuchar.

Voy a responder de forma directa y precisa con base en mi experiencia y la de algunos amigos que están en el mismo estatus que yo. Los empresarios de éxito, en su mayoría, no están disponibles para gente que está comenzando a emprender (recuerda que tú eres un niño ante sus ojos) Lo otro, es que en su vida personal, te darás cuenta que no son tan felices como tú esperabas. La mayoría de ellos se concentran tanto en sus negocios que pocas veces tienen tiempo y, cuando lo tienen, créeme, no lo van a dedicar a escucharte ni a contarte lo que tienes que hacer paso por paso para ser como ellos.

Una vez le pregunté a un empresario que cuándo tenía un tiempo disponible para hablar conmigo, y me respondió: *"cuando me acuesto a dormir"*. Imagínense, yo dando mis primeros pasos en este mundo y ya un empresario me estaba invitando a su cama. Ahora, nadie me sale con ese tipo de respuestas, ¿saben por qué? Porque me he ganado el respeto en la sociedad como mujer con enfoque empresarial, gracias a que dejé de ser "virgen en los negocios".

Me alegro de que Robert Kiyosaki, creador del libro *Best Seller* **Padre Rico, Padre Pobre**, haya tenido la suerte de encontrarse con un "padre rico" desde que entró en el colegio. Para un mortal común y silvestre como tú o como yo, la única forma de tener un mentor de ese nivel es que te sientes junto a ellos en las ruedas de negocios, en sus eventos sociales de 15 años o matrimonios o, por supuesto, que estés invirtiendo en algún negocio con ellos.

Si no te quieres frustrar buscando un mentor como el que recomienda Kiyosaki, es mejor que logres conectarte con un *Influencer*. Ellos, en su mayoría, son más accesibles y más nobles para contar sus historias.

Apuntes importantes:

CAPÍTULO II

Apuntando hacia el objetivo

Tú eres extraordinario

De todas las excusas que ha sacado el hombre para justificar sus errores, la que más me hace ruido es *"no somos perfectos"*.

Pues yo también creo que *"nadie es imperfecto"*. Los que están conectados espiritualmente, deben tener claro que cada uno de nosotros estamos hechos a imagen y semejanza de un Ser Superior que nos hizo intachablemente perfectos para cumplir un propósito en el mundo.

Así que lo primero que debes reprogramar en tu cerebro es que tienes todo lo que necesitas para brillar. Yo estoy convencida de que tú eres extraordinario o extraordinaria.

Y si crees que para comenzar necesitas mucha preparación, títulos universitarios o experiencia en la calle, déjame decirte que, más valioso que todo eso, es que decidas "dejar de ser virgen" y construir un negocio sabiendo que en el camino *"se sufre, pero se goza"*, como dice el dicho, porque comenzarás a vivir la pasión al levantarte dispuesto a luchar por tu sueño, con la convicción de que tendrás dinero en los bolsillos y que beneficiarás a los seres que amas: pareja, hijos, padres, hermanos, amigos, compadres… y hasta a quien no conozcas.

Matriz FODA para emprendedores

Si quieres comenzar en esta carrera sintiéndote un profesional, debes analizar objetivamente la clase de persona en la que te has convertido hasta ahora, con tus principios, valores, talentos, dones, habilidades, errores, frustraciones, etc., para poder sacarle el mayor provecho en el mercado.

Para ello, una matriz FODA será más que suficiente. Las iniciales de cada una de las letras significan: Fortalezas – Oportunidades – Debilidades y Amenazas. Veamos a continuación qué información valiosa debes tener para cada uno de los ítems:

Fortalezas: Eso que sabes hacer y que nadie te echa cuento, porque tú ya has experimentado bastante. Las cosas buenas que dice la gente que haces. La mejor característica de tu personalidad. El don que tus padres dicen que tienes. Todo lo que consideres que sea bueno de ti, debes plasmarlo en este espacio.

Oportunidades: Yo sé que tienes idea de que hay algo que se te da tan bien que, si pudieras convertirlo en negocio, te llenarías los bolsillos de plata. Apunta sin miedo y sin pena a todo aquello que consideres que podrías hacer, aunque ahora te veas incapaz de hacerlo por falta de conocimientos o recursos económicos. ¡Escribe todo, sin pena!

Debilidades: Si te gusta alguien, que lamentablemente no te presta atención, créeme que esa persona será también la que te animará a convertirte en la persona más exitosa del mercado, porque de alguna manera tienes que realzar para que te presten atención. ¿Qué deberás hacer? Reconocer tus debilidades y trabajar en ellas, porque esa es la razón por la que esa persona ni te mira. Escribe todo lo que no se te da bien en el plano empresarial, para que luego mejores. Por ejemplo, si nunca has vendido ni siquiera un confite, esa es una debilidad que deberás apuntar.

Amenazas: Si en el camino tenemos el presentimiento de que hay rivales: debemos apuntarlos. En el plano personal, y con el ejemplo anterior, supongamos que un pretendiente es una amenaza para nuestro objetivo. Del mismo modo, en el mundo de los negocios, deberás prestarle atención a factores del mercado, como la competencia, la falta de recursos, la cultura de la gente, nuestros amigos tóxicos, entre otros, para blindarnos y protegernos de todo lo que sea obstáculo para alcanzar el éxito.

Una vez que tengas todo claro, toma tu agenda y haz una lista de cada uno de los ítems tomando nota de lo que se te vino a la mente sobre ti, no lo dejes rondar en tu cerebro. No tienes que hacer la lista de la noche a la mañana, tómate tu tiempo, ya que progresivamente se te van a ir viniendo cosas a la cabeza que irás anexando, en la medida en que vayas teniendo una visión más completa de la persona que eres.

Cuando comencé a redactar este parte del libro, supe que me encontraría con dos tipos de emprendedores: el que sabe qué quiere y el que no sabe qué quiere. Para los que tienen una pequeña idea del negocio que quieren poner a funcionar, a continuación, voy a dejar la matriz FODA que creé para "Virgen en los Negocios:

Fortalezas:	**D**ebilidades:
1.- Soy comunicadora social. Ejercí mi profesión en medios de comunicación privados durante 15 años, y ahora trabajo por mi cuenta. 2.- Mi pasión es escribir y crear historias. 3.- Tengo redes sociales desde hace 3 años, en las que publico contenido sobre emprendimiento y cultura empresarial. 4.- Conozco personas que ya han publicado libros. 5.- Tengo adelantado más de la mitad del libro.	1.- Nunca he publicado un libro. 2.- Sólo sé escribir en español. 3.- No tengo ni un dólar para hacer campaña publicitaria y darme a conocer como escritora de impacto. 4.- Por ser inmigrante, no tengo un familiar que cuide a mis dos hijos, mientras salgo de la casa a promover el libro.
Oportunidades:	**A**menazas:
1.- La pandemia ha acelerado la necesidad de aprender sobre emprendimiento.	1.- Mientras siga *procrastinando (difiriendo terminar el libro y publicarlo), habrá cada

2.- Se han creado políticas que obligan a los docentes a enseñar sobre emprendimiento en las aulas de clases. 3.- Hay tres tipos de clientes: el emprendedor naciente, los profesores que deben enseñar y los alumnos que deben hacer proyectos de emprendimiento en clases. 4.- Cada vez es más económico imprimir un libro. Amazon ofrece la oportunidad de comprar un solo ejemplar a bajo en formato impreso, audiolibro o PDF. 5.- Gracias a Internet, el libro se puede vender en cualquier parte del mundo, incluyendo al país donde resido. 6. Cada vez hay más personas ofreciendo cursos para publicar libros en Internet.	vez más competidores escribiendo sobre emprendimiento. 2.- No soy empresaria, soy emprendedora. Como otras y otros, todo lo que he logrado es el resultado de mí constancia y de las personas que me han apoyado, pero, en este momento, no sé quién me apoyará económicamente. 3.- No soy famosa. 4.- Que me ocupe en otras cosas y muera el proyecto del libro. Soy una madre que, además de cubrir mis necesidades financieras básicas, debo buscar la forma de invertir en el proyecto literario, y en este momento desconozco las forma de hacer.

Ahora llegó el momento de hacer lo mismo con tu idea de negocio:

Fortalezas	

Oportunidades	
	47
Oportunidades	

Debilidades	

Amenazas	

Virgen en los Negocios– Heidi Pereira -

Cuando termines la primera actividad, te pido que te des un auto-abrazo y te felicites por haber dedicado tiempo para ti. Lo que acabas de ensayar te ayudará a entender que se puede ser virgen en los negocios, pero no por eso te vas a dejar "meter el dedo" –en el ojo- por personas que siempre buscan aprovecharse de los que "huelen a nuevo".

Si aún no haces la tarea, ponte a hacerla de una vez, por favor, porque si no lo haces, cuando termines de leer este libro serás uno más que gastó su dinero en llenarse la cabeza de palabras que se las llevará el viento.

Después que escribas tu matriz, el paso siguiente es pensar cómo puedes aprovechar tus fortalezas para no dejar pasar las oportunidades que se te presenten, contrarrestar tus debilidades y enfrentar las amenazas de tu entorno. Este paso te llevará a potenciarte como emprendedor y futuro empresario.

Te daré sólo un ejemplo. En mi matriz FODA de Vírgenes en los Negocios, escribí que una de mis debilidades (arriba y a la derecha), es que escribo sólo en español, pero en las oportunidades escribí también que, gracias a internet, se puede vender el libro en todo el mundo. Entonces, ¿qué crees que debo hacer?

Hagamos una tormenta de ideas:

Tormenta de ideas	<ul><li>Estudiar otros idiomas.</li><li>Pagarle a un traductor para traducir el libro en otro idioma.</li><li>Utilizar el traductor de Google.</li><li>Conseguirme a un aliado que traduzca el libro en otro idioma y pagarle después que venda unos cuantos ejemplares o pagarle con capacitaciones y/o asesorías.</li><li>Buscar un patrocinador para pagarle al traductor a cambio de colocar sus créditos en el libro.</li><li>Esperar a vender muchos libros para evaluar si puedo traducirlo a otros idiomas y venderlo en otros mercados.</li></ul>

Entre todas estas opciones, escogí la más sensata desde la perspectiva de mis posibilidades "esperar a vender muchos libros para evaluar si puedo traducirlo a otros idiomas y venderlo en otros mercados", tomando en cuenta que esta decisión favorece el plan en tiempo e inversión de dinero.

Ahora hazlo tú con tu proyecto. Si necesitas mi apoyo, siempre podrás contactarme desde cualquiera de las redes sociales que consigas bajo el nombre: @elcanaldelosemprendedores.

Tormenta de ideas	52
Tormenta de ideas	

Si lo gozas y te da dinero, entrégalo todo

Imagina que tienes un *hobby*: Correr y hacer atletismo, tejer o confeccionar accesorios, confeccionar y cocer vestidos, crear coreografías, entre otros; o tienes ciertas afinidades: el mundo de anime, de la moda, de los animales, la evolución del ser humano, leer y coleccionar libros, en fin, cualquier actividad o tema que forme parte de tu vida.

Con cada una de estas cosas que acabo de mencionar, podrás hacer dinero, siempre y cuando dejes de verlo como un *hobby* y lo conviertas en un negocio. Analiza a los *youtubers* famosos. Estos empresarios de la era digital monetizan colgando videos, para nada profesionales, en la que su contenido trata sobre temas o actividades relacionadas a su pasión. La clave está en ser constante e ir entendiendo cómo debes colocar en el mercado las piezas del rompecabeza para que monetices tu pasión.

Cuando hablo de este tema recuerdo una anécdota con María Serrano. Ella es una mujer que ha dedicado la mayor parte de su vida al atletismo, tiene varias medallas como maratonista y es un ícono del deporte en Panamá.

Ella, como muchas otras personas, se acercó a mí hace 2 años en busca de una guía. Había perdido su trabajo. Ya no ejercería su profesión como Licenciada en Administración. Su única alternativa era abrir un puesto de verduras en el área de comercio de la Cadena de Frío de la ciudad donde vivíamos.

Al principio, su propósito era que la orientara en esta nueva fase como emprendedora. Quería encontrar la forma en que pudiese diferenciarse de sus competidores, pues todos estarían vendiendo lo mismo, uno al lado del otro. Sabía que, si María iniciaba este negocio, no lo iba a gozar ni lo iba a entregar todo, en consecuencia, tampoco iba a generar suficiente dinero.

Esta mujer maratonista, con reconocimientos en su país y varias medallas que adornan su casa, no estaba viendo el potencial que había construido durante tantos años. Para ella era un *hobby*, pero para mí era una gran oportunidad de hacer dinero.

María no sabía que alguien como ella, con un cuerpo tan envidiable, pudiese enseñar a otras personas la rutina y la alimentación indicada para tener un cuerpo parecido. Durante nuestra conversación, yo hacía mentalmente su matriz FODA, enfocada especialmente en sus fortalezas y oportunidades: Ella tenía mucha gente conocida, así es que las oportunidades en este nicho de mercado relucían "a flor de piel".

Así que, después de convencerla de que cambiara su estrategia, la invité a que hiciéramos una tormenta de ideas:

> *- ¿Qué te parece si ofreces tus servicios como instructora en un gimnasio? O mejor aún, como instructora personal, le propongo.*
> *- También puedo organizar mis propios maratones", me sugirió*

- Correcto. También realizar clases de aeróbic o bailoterápia en espacio abiertos… Y escribir un libro (siempre recomiendo esto a las personas, cuando sé que pueden llegar a convertirse en una autoridad en su materia)

Después que terminamos, le pregunté a María que cuáles de las ideas la inspiraba a desarrollar un plan de acción para ponernos "manos a las obras". Mi sorpresa fue mayúscula cuando me confesó que, en algún momento de su vida, ella se propuso tener su propia marca de ropa deportiva. A continuación, me mostró en su teléfono unas imágenes, se trataba de siluetas de mujeres con ropa cómoda para hacer ejercicios.

- *Heidi esto que vez aquí es lo que he creado desde hace mucho tiempo, estas son ropas deportivas que yo estampé en papel y dibujé con los colores de mis hijas. Quiero crear una marca de ropa fitness, pero no solamente para mujeres con cuerpos de deportista como el mío, sino también para chicas cuyos cuerpos no son tan estilizados y se les dificulta encontrar este tipo de vestimenta de su talla en el mercado".*

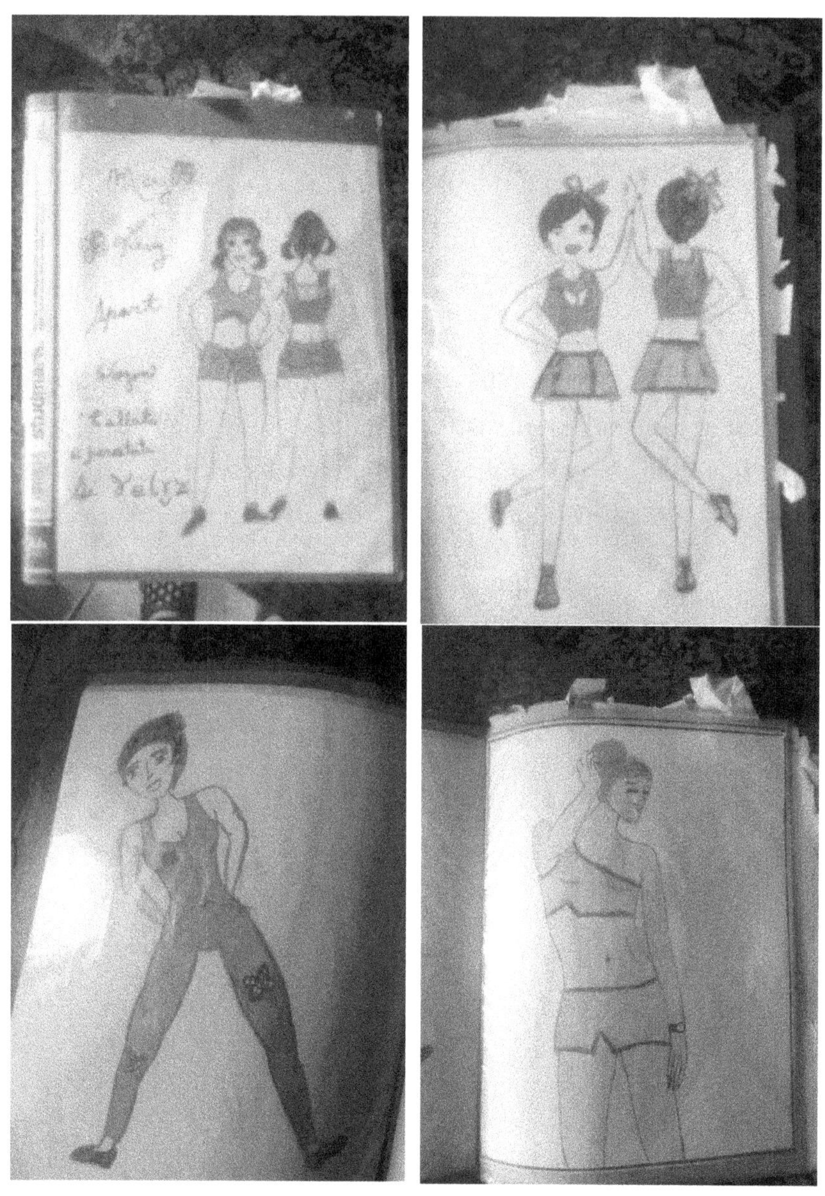

Nota: Imágenes reproducidas con autorización escrita de María Serrano.

"Sin pensarlo dos veces", como el título de la canción de Guillermo Dávila, la animé a que se enfocara y se preparara para que algún día tuviera su propia línea de ropa *sport*. Después de esta maravillosa sesión con María, y hasta la fecha en que narro esta anécdota, ella se propuso aprender más para desarrollar el proyecto que tenía en su mente. También publicó su libro, el cual tituló "Mujer Extraordinaria" publicado en Amazon desde el 2022.

Libro **"Sumamente Extraordinaria"** de María Serrano

Cuando estoy por terminar esta parte del capítulo, decido llamarla por teléfono. Tuve una conversación amena con ella. María me contó que estaba por terminar una certificación para ser entrenadora profesional y que su sueño de ser confeccionista de ropa deportiva no lo había concretado porque se le ha hecho imposible acceder a la institución donde "dan el curso gratis" sin embargo, sigue diseñando y creando prototipos de vestuarios en miniaturas para ver cómo lucen en muñecas.

Nota: Imágenes reproducidas con autorización escrita de María Serrano.

.

Espero que esta narración del *hobby* de María te pueda servir de inspiración. Cada uno de ustedes puede triunfar, nunca lo duden, solo deben dar pasos cortos en el camino, pero con una visión en grande.

Ikigai – Una herramienta más para que te convenzas de emprender

Créelo o no, la herramienta que te voy a describir es una brújula para encontrar tu propósito de vida.

Ikigai es un concepto japonés que combina las palabras *'iki'*, que significa vida para ti, y *'kai'* (pronunciada como gai), que representa valor, efecto, resultado o utilidad en ti.

Antes de continuar, quiero recomendarte que dediques parte de tu tiempo a hacerte un auto-análisis, ya que si no hiciste la tarea anterior se te hará más difícil responder las preguntas que te haré en este tema, pero si ya la hiciste entonces fluirás más fácil. Por cierto, Robert Baum, uno de mis mentores, tiene un libro llamado **Tú código personal** (disponible en Amazon). En él, Robert nos enseña la clave para descubrir por qué te buscan las personas y qué significas para ellas.

En mi experiencia personal, saber que me buscan para conectar con otras personas y cumplir sus sueños, me hizo cambiar las estrategias mediáticas y mis mensajes en cada discurso. De esta forma, ahora atraigo asertivamente a las personas que necesitan conectar conmigo para que crean en ellas y construyan un negocio, o para que los que tienen su empresa puedan conectar con personas que los ayude a expandirse.

Continuando con el *Ikigai*, vamos a ver ahora cómo es el modelo y observemos detenidamente dónde ocurre la magia:

Cuando hablo de este tema recuerdo a Michael López, un colombiano que se me acercó para poder cumplir parte de su *Ikigai*. Él quería enseñar a las personas sobre el tema del dinero, contar sus anécdotas de los negocios y demostrar que la sociedad no siempre debe seguirse del mismo patrón para llegar al éxito, aunque parezca un acto de rebeldía.

Michael quería hablarles a las masas, y sabía que podía lograrlo a través de un programa de radio, yo era su patrón a seguir, de una u otra forma, pues yo tenía un programa de radio. Así que buscó la manera inteligente de que la magia sucediera y juntos dirigimos "Voltaje del Dinero" todos los sábados a través de la misma emisora en la que yo conducía Martes de Emprendimiento. Gracias a todo el equipo de Súper Z Estéreo.

Michael tenía mucho potencial. Me apoyó en uno de los temas que desarrollé para un curso de 40 horas titulado "Emprender una Microempresa en Panamá". Al poco tiempo, lo dejé para que avanzara en sus metas, satisfecha del aporte que dejé en su camino. Ahora el imparte un taller llamado "El árbol del dinero" y genera contenido para su cuenta de Instagram @elarboldeldinerotv

Ahora bien, volviendo a la herramienta Ikigai, para que puedas aplicarla a tu vida, debes responder las siguientes preguntas con todo lo que tengas en tu mente y corazón:

¿Qué es lo que amas?

Aquí deja fluir el romanticismo y piensa en algo así como la naturaleza, los videojuegos, el amor a la familia, las casas en los árboles, los parques de diversiones, la moda en ropa y calzado, la lectura, la música…

1	
2	
3	
4	
5	

¿En qué eres bueno?

Ya aquí debes poner los pies sobre la tierra y ver qué se te da muy bien, pero, escríbelo todo. Como por ejemplo "Soy bueno…" estudiando, bailando, vendiendo, en un deporte, escribiendo, cocinando, cuidando niños, reparando carros, descubriendo acertijos, arreglando artefactos eléctricos, la costura, bañando perros (ninguno te ha mordido), cortando cabello, tienes genio para crear ideas de negocios, las matemáticas…

5	Soy bueno…
6	Soy bueno…
7	Soy bueno…
8	Soy bueno…
9	Soy bueno…

¿Qué necesita el mundo de ti?

Eso debes saberlo tú y sentirlo desde tu ser. Cuando respondas esta pregunta, te aclaro que la respuesta no tiene que ser innovadora, simplemente piensa en qué puedes ayudar y escribe lo que te nazca. Por ejemplo, el mundo necesita que yo les enseñe cómo yo aprendí a traer cosas de china y venderlas en mi país. Otro ejemplo, el mundo necesita contenido de impacto sobre el medio ambiente, necesita saber de inteligencia artificial, necesita comer sano, etc.

10	
11	
12	
13	
14	

¿Por qué deberías recibir un pago?

Eres merecedor o merecedora de un pago por algo que hay en ti y te hace especial, además, en tu interior sabes que hay algo que se te da muy bien y que existen otras personas que están monetizando con eso mismo. Por ejemplo, las personas deberían pagarme por asesorarlas en imagen, ya que siempre me están pidiendo opinión. Otro ejemplo, las personas deberían pagarme por hacer manualidades ya que a todos les gusta la forma en que decoro mi casa. En mi caso, y en los últimos años, he logrado que la gente me pague por motivarlas, ¿cómo lo hago? Generando espacios de concentración en donde comenzamos con un conversatorio gratuito sobre emprendimiento y terminan pagando por sesiones privadas para que les ayude.

15	
16	
17	
18	
19	

Después de que hayas hecho una lista de respuestas en cada una de estas preguntas, trata de unirlas unas con otras para que puedas hallar un negocio que se te dé muy bien y que la gente te pague porque estás solucionando un problema que nadie lo está haciendo. Espero que ames esta herramienta tanto como yo y que te sea útil en varias facetas de tu vida.

Idea #1

Ideas unificadas: ___ , ___ , ___ y ___

Idea #2

Ideas unificadas: ___ , ___ , ___ y ___

Idea #3

Ideas unificadas: ___ , ___ , ___ y ___

Idea #4

Ideas unificadas: ___ , ___ , ___ y ___

Idea #5

Ideas unificadas: ___ , ___ , ____ y ___

Finalmente, escoge 3 de estas ideas y comienza a analizar el grado de factibilidad, como es: presupuesto, personas con las que cuentas, inventario de equipos, materia prima y las ganas que tengas de intentarlo una y otra vez hasta que triunfes.

Ahora que ya estás más claro en lo que quieres para ti y tu nueva vida, vamos a pasar al siguiente capítulo en el que te enseñaré a convertirte en un emprendedor o emprendedora con una personalidad definida, con buen gusto y con determinación a la hora de vender tu negocio. Escuché una vez una frase de gente pobre que decía: *"Si hay miseria que no se note"*, así que nadie tiene porqué saber que hoy estas en la fase de convertirte en el próximo millonario de la familia con cero centavos en los bolsillos.

Apuntes importantes:

CAPÍTULO III

Dándole vida y color a tu marca

Así comencé yo

Quiero compartir con ustedes lo maravilloso que fue descubrir el emprendimiento. Ocurrió cuando iba a la escuela, en ese entonces, apenas tenía 9 años de edad. Mi madre me empaquetaba una merienda de dos emparedados y un jugo de cajita para desayunar.

Una compañera, que siempre llevaba dinero para comprar en la tienda a la hora del recreo, me ofreció un par de monedas a cambio de mi comida. Me pareció buena idea, a diferencia de ella, mis padres nunca me daban dinero, así que acepté sin saber que estaba comenzando mi primer negocio.

Con el paso del tiempo **involucré a mi proveedora** (mi madre), quien comenzó a preparar cinco emparedados para que yo siguiera **la comercialización**. A esto es lo que llamo ser **emprendedor por accidente**, como lo describí en el **capítulo I de este libro**.

Esa experiencia hizo que, durante los siguientes años, en especial, mientras cursaba el bachillerato y la universidad, desarrollara negocios de ventas muy similares: dulces, ropas, accesorios, perfumes, cd de música, USB, copias de libros y todo lo que observaba que el mercado necesitaba. Quería asegurarme de que ninguna mercancía se quedara estancada.

Me gradué de Licenciada en Comunicación Social. Mención Publicidad y Relaciones Públicas, y después de ejercer apasionadamente mi profesión durante más de una década, me encontraba en un prestigioso puesto de trabajo con un buen salario, pero encerrada en una oficina. La verdad, no era feliz.

Así que, con el tiempo comencé a leer varios libros de Robert Kiyosaky y, un buen día, cuando había cumplido 9 años de aburrido servicio profesional, decidí renunciar para dedicarme a algo que me hiciera sentir a gusto y me convirtiera en la próxima millonaria del mundo.

La idea de vivir de los bienes raíces como lo hace Robert me sonreía, por eso comencé a trabajar en una franquicia que me permitió adentrarme en este mundo.

Quise hacer mi primer negocio con un apartamento heredado de mis abuelos, sin embargo, y de forma repentina, tomé la decisión de emigrar para buscar nuevos horizontes, en compañía de mi hijo mayor y el bebé que estaba a punto de nacer.

En el nuevo país no tuve la oportunidad de emplearme, pues tenía que cumplir primero con los trámites migratorios.

Por tanto, tuve que **salir a la calle a vender** lo que fuese: comida, cosméticos, bolsas de basura, ropa interior y de vez en cuando limpiar casas. Esto se llama **emprendimiento por necesidad**.

Yo soy periodista de profesión y emprendedora por vocación. Determinada a no cambiar mi esencia, busqué la forma de hacer algo que me mantuviera activa con lo que mejor hago. Titubeaba entre el deseo de emprender por oportunidad, pero también con lo más rápido que pudiese para suplir las necesidades básicas de mi hogar: alquiler, luz, comida, transporte, pañales y leche.

De esta forma nació El Canal de los Emprendedores. Por medio de *Facebook*, creé una *Fanpage* para publicar artículos relacionados con el ecosistema emprendedor, lo que me permitió conocer gente del ramo. Entonces, decido crear un grupo de *WhatsApp* con los contactos de los emprendedores que iba conociendo en mis entrevistas de la calle. También conocí a Jairo Graell, quien me dio la oportunidad de crear, bajo su paraguas, el programa de radio Martes de Emprendimiento.

Todas estas actividades me abrieron puertas para recibir capacitación gratuita de entidades públicas y, desde entonces hasta nuestros días, he saboreado la experiencia de emprender en diferentes negocios, que han sido muy buenos, pero de vida corta, porque su foco ha sido cubrir necesidades inmediatas, excepto El Canal de los Emprendedores que, desde sus inicios, tuvo la visión de ser una empresa de proyección y conexión con gente extraordinaria, con negocios en crecimiento, y con testimonios inspiradores.

Poco a poco fui incorporando nuevos servicios a la plataforma, cuyo "producto estrella" era la publicidad; como no funcionó, hice una membresía llamada Club de Emprendedores, que tenía como beneficio para los afiliados la participación en ferias, capacitaciones y asesorías; es decir, que compacté todo lo que venía haciendo para ofrecer un producto por el cual las personas estuvieran dispuestas a darme su dinero.

Sin embargo, tras 4 años de trabajo arduo, me di cuenta que estaba cometiendo una gran torpeza, el emprendimiento estaba en terapia intensiva y entubado, pues en el lugar donde ofrecía mis productos no había nadie interesado en pagar, pues mi competencia más fuerte era el Gobierno que estaba regalando capacitaciones y dando acceso a Capital Semilla a todas las personas.

Y pude escapar de esta situación, gracias a que me preparé en el 2021. Me esforcé para estudiar dos diplomados, el primero fue un programa de formación de la Asociación Panameña de Ejecutivos de Empresa (Apede) titulado **Recharge Apede**, el cual contó con importantes patrocinadores y especialistas en el tema; además tuvimos el honor de escuchar historias impactantes de empresarios exitosos.

https://apede.org/emprendedores-culminan-con-exito-programa-recharge-
de-apede/

Ese mismo año, gano una beca auspiciada por la Autoridad de la Micro, Pequeña y Mediana Empresa (Ampyme) y apruebo el diplomado ***Arquitectura y Crecimiento Empresarial.*** Me otorgaron una insignia la cual queda de por vida en mi currículo.

Contenido del Diplomado "Arquitectura y Crecimiento Empresarial:
https://www.credly.com/badges/4f91 806d-0661-4e30-8e93-0ce9345e6e07

Finalmente, en el 2022, participé en un Programa del Banco Interamericano de Desarrollo (BID) que se ejecutó por medio del banco Banesco, el Grupo IUGT Internacional y la Fundación HIAS.

Lo bueno de todo esto es que dejé de ser "Virgen en los Negocios" y creé una marca personal, tanto, que siempre me llaman desde universidades, empresas y organizaciones de ferias internacionales para que dar charlas sobre E*l emprendimiento y sus retos*. Ahora me dedico a escribir libros y preparar seminarios y talleres, todo con el fin de posicionarme como una autoridad en este tema.

Por cierto, estoy a la orden para charlas o seminarios empresariales con costos accesibles, puedes enviar un correo a elcanaldelosemprendedores@gmail.com, pero, si eres una persona que quiere ayudar a otros, y deseas que instale un conversatorio gratuito con un grupo de personas que lideras, me lo haces saber a través del mismo correo.

Así que, **ahora que sabes la historia de tu mentora,** te invito a que **prestes atención** a todo lo que le dará **vida a tu marca.**

Dale personalidad a tu marca

Hay un término de la mercadotecnia llamado *branding*, que se utiliza para crear y construir una marca. Es un tema realmente amplio, que parte desde la estructura ideológica, diseño gráfico, símbolos, identidad visual, target y procesos de comunicación tanto para tú público como para tus empleados.

Pero como no quiero que te enredes, lo que vamos a hacer en esta sección es dotar a tu marca de rasgos humanos – eso le encanta a la gente – y lo desarrollaremos con una herramienta llamada *"Los 12 Arquetipos de la personalidad"*, creada por el psiquiatra y psicoterapeuta Carl Gustav Jung (1875-1961), y que hemos utilizado los emprendedores para darle personalidad a nuestras marcas.

Después que las leas todas, escogerás la que mejor se identifique contigo y, al mismo tiempo, deberás adherirla al negocio que vas a proyectar en el mercado (toma en cuenta la misión y visión que esperas construir) para que tengas un perfil único que te caracterice:

El Inocente

Orientado hacia aquellas marcas optimistas, que expresan generosidad. Se identifican con las marcas asociadas al bienestar, la simplicidad, la nostalgia, los sueños y la infancia.

Tú puedes estar trabajando con ropa o calzado para niños, dictar cursos para decorar fiestas infantiles, crear un vivero, tener una agencia de viajes o como el caso de Disneyworld que, desde 1967 hasta nuestros días nos siguen vendiendo la idea de que vivamos la experiencia de sentirnos curiosos, llenos de inocencia y con ganas de disfrutar la vida a través de sus parques temáticos.

El mensaje: Entregamos lo mejor de nosotros para cuidarte. Pensando en tu bienestar. Para que cumplas tus sueños. Para que llegues muy lejos….

https://www.makinglovemarks.es/wp-content/uploads/2014/12/El_Inocente1.png

El Sabio

Este arquetipo estimula el aprendizaje e invita a las personas a descubrir la verdad. Apuesta a compartir el conocimiento para que la gente piense y se forme sus propios criterios. Con su personalidad, logran ganarse el respeto de sus seguidores.

Puedes ser creador de libros, tener un blog donde escribes sobre temas que te gustan, crear diferentes cursos y talleres, ser conferencista, tener una universidad online, tener una librería, en fin, todo lo que conecte a las personas con productos o servicios que les ayude a crecer. Te puede servir como ejemplo Wikipedia.

El mensaje: **Creamos** productos para tu crecimiento personal y profesional. Queremos darte las herramientas que necesitas. **Conviértete en un experto** aprendiendo con nosotros. Te preparamos para **el futuro.**

https://www.makinglovemarks.es/wp- ontent/uploads/2014/12/El_Sabio.png

El Héroe

El Héroe es el que comienza un reto y lo termina. Es fuerte y protector. Demuestra valentía mediante acciones difíciles que le permiten transmitir esfuerzo, honor, victoria y un espíritu de ganador. También busca transmitir frases como "que nada te detenga", "levántate y sigue", "tú puedes con todo"

Si has decidido vender algún producto medicinal, ofreces servicio para reparación de electrodomésticos, eres psicólogo, vendes casas o eres el cerrajero que abre puertas, estás en la categoría correcta. Siempre busca destacar como la marca que mejor solución da a un problema.

El mensaje: **Somos únicos** en el mercado. Triunfa con nosotros. **Transformamos vidas**. Si no lo tenemos, lo construimos. Nos encantan **los retos**.

https://www.makinglovemarks.es/wpcontent/uploads/2014/12/El_Heroe.png

El Forajido o Rebelde

Aquí las marcas se identifican con todo lo revolucionario, los que desafían a la sociedad, rompen los esquemas, son pioneros y echan a un lado lo que no funciona. Sus productos o servicios son insolentes o extravagantes.

Con este arquetipo, te das cuenta que puedes crear marcas impactantes y revolucionarias con lo que sabes hacer.. Si eres de los que viste de negro, te gusta todo lo retro o eres parte de algún movimiento, puedes transferir tu personalidad en la marca y atraer clientes semejantes a ti. Si logras esto, amarás de por vida tu negocio.

El mensaje: Vive **la aventura**. Comenzar de nuevo, es nacer de nuevo. **Atrévete** a experimentar. No le tenemos miedo a romper las reglas. **Sé tú mismo**. Dile adiós a lo aburrido.

https://www.makinglovemarks.es/wpcontent/uploads/2014/12/El_Fo rajido.png

El Explorador

El Explorador es quien le dice al mundo que está listo para llenarse de adrenalina con nuevas aventuras y llama a la gente a atreverse a correr riesgos. Son marcas curiosas, que buscan atraer a consumidores inconformes que desean probar algo desconocido y diferente. Por supuesto que las más emblemáticas están relacionadas con las empresas de turismo, hotelería y viajes, pero también aquí entran las categorías del diseño gráfico, la música, la moda en general y los amantes de la tecnología, que buscan facilitarnos la vida con sus aplicaciones, entre otras.

El mensaje: Queremos **hacerlo diferente**. Viaja a lo desconocido. Acaba con la rutina. Todo a un clic desde tu celular. Disfruta de **momentos incomparables**. Exploramos lo original que hay en ti. Porque **hay maneras diferentes** de hacer las cosas.

https://www.makinglovemarks.es/wp-ontent/uploads/2014/12/El_Mago.png

El Amante

El Amante es la identidad de marca cuyo propósito es inspirar a las personas a encontrar el amor o fomentar la belleza. Busca establecer una relación emocional con el consumidor donde asocie con un momento íntimo de su vida. Los salones de belleza, los atuendos exóticos y un buen restaurante con música suave de fondo: son muestras de este prototipo. Los hoteles y algunas marcas de perfumes también. Podemos señalar como ejemplo a Victory Secret, una cadena de tiendas de ropa interior femenina, colonias y cremas, que maneja sus mensajes mediáticos para quienes la usen, se sientan atractivas y sensuales.

El mensaje: **La pasión** del conocimiento, del arte, de la moda o del cine. Porque sabemos lo importante que es **cuidar** de tu piel, de tu mascota, de **la seguridad** de tu carro o casa. **Comprometidos** contigo. Todo para una intimidad agradable, lujosa, placentera.

https://www.makinglovemarks.es/uploads/2014/12/El_amante.png

El Hombre Corriente

El arquetipo correspondiente a este género sólo quiere encajar sin importar ser uno más. Las marcas que tienen este tipo de personalidad suelen pertenecer a una cultura hogareña y ofrecer productos para la vida cotidiana. Buscan ser ante todo humildes y modestos, ya que su principal objetivo es llegar a establecer una conexión a través de la empatía.

Tiendas orgánicas, cuidado de animales, clases online, cuidado de ancianos, repostería, costura, artesanía, entre otros, considero que son marcas para este tipo de arquetipo. También se pueden agregar las cafeterías, los centros educativos, e incluso, las tiendas virtuales.

El mensaje: No corras riesgo, **nosotros te cuidamos**. Si no funciona, te devolvemos tu dinero. Siente **el calor de tu hogar** en nuestros espacios. Somos transparentes. Elaboramos alimentos sanos para **cuidar** de tu salud.

https://www.makinglovemarks.es/uploads/2014/12/hombre_corriente.png

El Gobernante

Este arquetipo pretende crear una exitosa y próspera empresa, siendo su marca la que controle y tenga el poder, por tanto, ofrecen productos o servicios exclusivos de alta calidad y muchas veces demasiado costosos. La verdad, es que son caros porque no nacieron para que todo el mundo los utilice.El ejemplo más clásico es Rolex. Los dueños de este reloj no quieren que sea usado por todo el mundo. Ellos saben que sus estándares de calidad y precio en el mercado, solamente lo obtendrán quienes tengan un buen estatus y quieran sentir el poder en sus manos. La mayoría de las personas que desarrollarán este arquetipo, serán quienes han heredado negocios tradicionales para darles un toque de autoridad ante los negocios nacientes.

El mensaje: Nuestra **experiencia** es nuestra garantía. Aquí solo vendemos **calidad. Sabemos** lo que hacemos. No tenemos competencia. Ser clientes de nuestra empresa **es un lujo**.

https://www.makinglovemarks.es/uploads/2014/12/El_Gobernante.png

El Bufón

Este arquetipo quiere disfrutar y vivir el momento, sin importar las consecuencias. Enamora y engancha a sus consumidores haciendo uso de juegos, risas y diversión. No esperes posicionamientos o ideas extremadamente disruptivas. La clave aquí es ganarse a un grupo de personas con la premisa de que serán aceptados independientemente de quiénes sean.

Todas las marcas que estén enfocadas en animación, fiestas, parques, trampolines, juegos de mesa o cualquier juguete, repostería, confites, campamentos o centros de recreación, deben manejarse desde este arquetipo.

El mensaje: No se aceptan gruñones a ninguna hora. **Queremos jugar** con tu niño interior. Traiga a su aburrido y se lo cambiamos por alguien **divertido**. Un dulce no le amarga la vida a nadie. Regalamos **sonrisas**.

https://www.makinglovemarks.es/wp-ontent/uploads/2014/12/El_Bufon.png

El Cuidador o Protector

El arquetipo del cuidador busca proteger su entorno. Las marcas que se identifican con este arquetipo se enfocan principalmente en el servicio al cliente y en ayudar a las personas, sobre todo en aquellos sectores más necesitados como el sanitario, la educación y organizaciones sin fines de lucro.

Por lo general, las empresas que trabajan con productos de cuidado personal, alimentos para mascotas o para niños, productos de jardinería, seguros de vida, fundaciones, entidades bancarias, entre otras, también se encuentran en esta categoría.

El mensaje: Estamos donde **nos necesites**. Nos encanta **cuidarte**. Tu dinero **en buenas manos**. **Apostamos** a la educación del ciudadano. Queremos cuidarte desde el vientre de tu madre.

https://www.makinglovemarks.es/wpcontent/upload/2014/12/Cuidador.png

El Mago

El Mago es un arquetipo con una gran capacidad para generar expectativas, además de ser carismático y espiritual. Para ponerlo simple, es el de las ideas locas. Le gusta crear experiencias inolvidables y como lo dice su nombre, mucha magia. Transforma el dolor en plenitud, lo científico en sobrenatural y lo ordinario en extraordinario. Una persona que decida crear una ruta turística inédita en su localidad, que construya en su casa un centro de hospedaje para perros o gatos con parque y piscina para su huésped, quien tenga un programa de radio, a quienes les gusta el teatro, los que se las ingenian para elaborar manualidades, venden inciensos, los que dan clases de yoga o meditación, los que tallan obras de artes en madera o dibujan algo extraordinario en un lienzo, son parte de este arquetipo.

El mensaje: Siempre podrás **empezar de nuevo**. **Historias** que impactan. **Valoramos** lo que haces. Creamos para ser **más fuertes y unidos**.

https://www.makinglovemarks.es/wp-content/uploads/2014/12/Mago.png

El Creador

Este arquetipo es el que quiere dejar huellas en el mundo. Utiliza todo lo que tiene a su alcance para crear algo nunca antes visto. Le gusta compartir sus conocimientos y no juzga las ideas de los otros. Ellos pueden ser luz y oscuridad.

Vemos en la historia a grandes creadores como Thomas Édison (la bombilla) o Jhon Rockefeller (industrialización y distribución de productos derivados del petróleo) que forman parte de este arquetipo.

En la actualidad, cada vez hay más creadores de los que se imaginan: impresora 3D, drones, páneles solares transparentes, aerogeneradores portátiles, burbujas de agua comestible, entre otros. Necesitan ganar terreno y darse a conocer, así que su estrategia de proyección debe ser bien trabajada, pues las redes sociales no serán suficientes para expandirse por el mundo.

El mensaje: **Descubrimos** que hay formas de hacer las cosas más sencillas, más rápidas o más económicas. **Actualízate** con nosotros. Estamos **transformando** al mundo. Queremos experimentar para mejorar. Somos **innovadores**.

https://www.makinglovemarks.es/uploads/2014/12/El_Creador.png

Ahora que ya conoces esta información, recuerda que la que escojas determinará cómo quieres que te perciba tu público-objetivo. En base a tu elección, podrás crear campañas publicitarias que atraigan a ese cliente que quieres.

La creación del nombre

Quisiera convencerte de que lo mejor es crear un nombre para tu marca con palabras de tu lengua nativa, es decir, si hablas español, portugués, francés o inglés, entonces implementarás palabras en tu idioma, pero, cuando vamos al campo, la realidad es otra.

La mayoría de los emprendedores no ven fronteras. Es por eso que observamos marcas en inglés con eslóganes en español, y viceversa.

Si ya lo creaste en un idioma distinto al que se habla en tu país y estás posicionado con esa marca, no se diga más… manos a la obra, pero si quieres comenzar desde cero y con mayores posibilidades de calar en el mercado donde te encuentras, te recomiendo que busques un nombre que sea sencillo, que todos recuerden y que aparezca al activar los buscadores en Internet. Te coloco como ejemplo mi marca: El Canal de los Emprendedores, si a alguien se le ocurre buscar por la palabra "emprendedores" muy probablemente algo aparezca de nuestra página web en varios países del mundo.

La creación del logo

Aquí es donde puedes drenar todos tus dotes artísticos y crear la imagen de tu empresa, pero, si no es precisamente tu fuerte, prepárate para conocer estos tips que te permitirán crear con estrategia tu logo.

Para este punto, debe quedarte muy claro que existen diferentes modelos y formas que podrás identificar con las siguientes características:

Logotipo: Se refiere a todo lo que envuelve el nombre de la marca. Los logotipos suelen ser puramente letras, y la forma en la que están diseñados plasma la identidad de una marca.

Ejemplos de logotipos

https://raulmoreira.com/logotipo-anagrama-simbolo-diferencias/

Imagotipo: Es un ícono en el que texto y símbolo se encuentran juntos, pero no revueltos, por tanto, pueden funcionar separados. Normalmente, arriba se coloca el logo y debajo las letras con el nombre, o viceversa.

Ejemplos de imagotipos

https://raulmoreira.com/logotipo-anagrama-simbolo-diferencias/

Isotipo: Se refiere a un símbolo que representa a la marca, por tanto, podemos reconocer de qué trata la imagen sin necesidad de que a esta la acompañe algún texto.

Ejemplos de isotipos / símbolos

https://raulmoreira.com/logotipo-anagrama-simbolo-diferencias/

Ahora te dejaré otros tips que te serán de gran utilidad a la hora de sentarte a darle vida a tu marca:

1.- Debes procurar que el nombre haga clic con lo que vas a vender, que se parezca a eso, que la gente se identifique apenas lo lea. En caso de que no sea así, deberás esforzarte por incluir un eslogan que los ayude a entender de qué va tu negocio (más abajo te explico cómo hacerlo).

2.- Preferiblemente identifícate con dos colores. Muchos tonos complican los trabajos de serigrafía e identidad de la marca, por el contrario, un solo color no te permitirá darle armonía a tus publicaciones en redes sociales.

3.-Procura no utilizar efectos de sombras. En el logo digital queda espectacular, pero para cuando te toque bordar un suéter o una gorra, se acabará la magia.

4.- Mi recomendación es que hagas un imagotipo. Posiciona el ícono de tu marca y luego podrás proyectarla sin necesidad de utilizar el nombre.

5.- Y por último, recuerda siempre utilizar los colores que elegiste en tu página web y perfiles de redes sociales.

La creación del eslogan

Es esa frase que hará que las personas se enganchen con tu marca. Por ejemplo, el eslogan de El Canal de los Emprendedores es "juntos llegaremos muy lejos", es decir, que aquellos que quieran pertenecer a nuestra comunidad ya saben que todos trabajamos en equipo, desde un chef hasta un veterinario.

El eslogan no debe ser muy largo. Tiene que ser una frase que deje claro a qué te dedicas. Mi recomendación es que hagas una lluvia de ideas, las escribas por orden de tu preferencia y pidas a por lo menos 20 personas que te digan cuál frase impacta más. Esa es la clave, que a la gente le guste y llame la atención.

Una vez definido todo lo que corresponde a darle vida y color a tu marca, ahora debes prepararte tú para lucirte ante la gente. Por experiencia, puedo decirte que he atraído a gente "más sexy" para hacer negocios y clientes con mayor poder adquisitivo cuando he estado mejor vestida. En el próximo capítulo te detallaré más sobre este tema, pero desde ahora te digo que la mejor vestimenta que puedes tener como emprendedor es tu actitud de triunfador o triunfadora.

"Juntos llegaremos muy lejos"

Apuntes importantes:

Capítulo IV

Llegó el momento de que atraigas a la presa

La forma en que debes vestir

Si quieres tener más clientes y consumidores cerca de ti, tendrás que reconocer que a la presa se le atrae después de verte irresistible.

La nueva generación de empresarios, por lo general, no luce una vestimenta apretada e incómoda, con tacones para las damas y corbata para los caballeros; por el contrario, son muy prácticos a la hora de presentarse como líderes de sus marcas, por ello, también se visten muy minimalistas.

La tendencia se inclina a lucir más uniformados que "estirados". Una camisa estampada con el logo de la empresa y un pantalón negro o jean es la mejor forma de que todos se vean bien, gasten menos dinero y, de paso, hagan publicidad "puerta a puerta" ya que a donde llegan la gente se da cuenta que representan a algún negocio que opera dentro de su comunidad.

Hasta aquí no hay ningún tipo de problemas. Tú también puedes adoptar el estilo que más te guste. Sin embargo, quiero expandir el escenario un poco más allá de las horas que dedicas a tu emprendimiento, porque vamos a estar claros: la mayoría del tiempo quieres estar cómodo o cómoda en tu rutina diaria, así no se trate de hacer negocios.

Te voy a explicar por qué tu cerebro hace que pienses de esta manera, con base en la teoría de Paul MacLean (1913-2007), la cual dice que tenemos 3 tipos de cerebros interconectados a nivel neuronal y bioquímico: **El límbico,** que se activa cuando queremos repetir emociones, como tristeza o felicidad, que ya hemos vivido antes; **el neurocortex,** que se activa para explorar nuevos campos y descubrir nuevos aprendizajes; y **el reptiliano,** que se activa en momentos de sobrevivencia y nos impulsa a mantenernos tranquilos para no correr más peligro.

Este último es el que nos dice: *"eres emprendedor,* **estas ocupado,** *no inventes ni te tardes mucho, ponte algo práctico para que salgas y* **vuelvas a casa pronto".**

Ahora que ya conoces tu cerebro reptiliano, ese que muchas veces no te deja avanzar, porque siempre te está cuidando para que no te pase nada: te invito a que reduzcas su poder y te propongas vestir de forma consciente. De verdad, no vuelvas a arreglarte impulsivamente para salir rápido de un asunto. Para escoger tu ropa del día a día, te recomiendo que recuerdes que eres el representante más poderoso de tu marca, por tanto, antes de salir a la calle hazte las siguientes preguntas:

¿Qué imagen es la que se identifica con mi negocio?

La imagen que comunico ¿se relaciona con mi negocio?

¿Qué precio estoy dispuesto o dispuesta a pagar para elevar la imagen de mí persona y la de mí marca?

¿Cómo quiero que me recuerden los que me vieron después que llegue nuevamente a casa?

Estas son preguntas de auto evaluación que te serán de gran utilidad para que te ubiques en el plano que estás ejerciendo ahora en tu nueva vida como emprendedor. Después que hayas respondido a todo, lo siguientes es hacer una lista de cómo sería tu ropa ideal para ir al banco, a la iglesia, al supermercado, a entregar un pedido, a una reunión familiar, a un evento de emprendedores, al colegio de tus hijos, etc.

Por último, te voy a dejar unos pequeños detalles, que son irrenunciables y que debes añadir a tu imagen personal como requisito:

Uñas limpias.

Zapatos limpios.

Cabello aseado.

Y carro limpio, en caso de que lo tengas.

¿Por qué? Porque cada vez que sales a la calle estás dejando huellas, que son fragmentos que hablan de ti.

Sedúcela con tus palabras

No sólo se atrae a la presa con el físico, también deberás susurrarle palabras bonitas para que le apetezca conocer lo que estás haciendo. *El Elevator Pitch* es una técnica que ha calado en todas las capacitaciones de emprendimiento, dictados en la mayoría de los países hispanohablantes. Se ejemplifica muy bien en un video en el que una mujer sube a un ascensor en compañía de un empresario y jóvenes visionarios. Su objetivo es enseñar a los chicos cómo llamar la atención del empresario, luego, obtener un nuevo contacto antes de que él se baje del ascensor, en un tiempo máximo de 60 segundos.

A continuación, te mencionaré 6 pasos que te servirán como referencia para crear tu discurso, pero, te aclaro, siempre lo mejor será que seduzcas a "la presa" de una forma inteligente y de forma espontánea:

1.- *El problema:* Inicia el discurso hablando del dolor de cabeza, es decir, del problema que has detectado. Algo clave es hablar de estadísticas ya con esto darás la sensación de que sabes de lo que estás hablando.

"¿Sabía que el 80% de las personas de América Latina sufren EQUIS circunstancia en sus hogares?".

2.- El rol de ambos: Una vez que lo lleves al contexto, hazle sentir que juntos deben encontrar una solución.

"¿Cómo podríamos hacer para que EQUIS situación mejore o podamos erradicarla de nuestro país?".

3.- *Lo que has creado*: Aquí tienes luz verde para venderte como héroe o heroína con tu idea de negocio. Si conociste a la persona fortuitamente en algún restaurante, reunión o ascensor, este es el momento de que le digas tu nombre y cuéntale lo que estás haciendo:

"Mucho gusto, mi nombre es _______________ y he creado…".

4.- *Cuéntale más de ti:* Obvio, tiene que haber una razón por la cual creaste esa idea, tal vez eres experto en la materia, llevas años trabajando con ese asunto, eres profesional, hiciste un curso o tenías los recursos a la mano para cuando detectaste el problema.

"Decidí emprender en este proyecto porque en mis años de experiencia en el área de…"

5.- *Un poco de cebo para anclar la presa:* Este es el momento en que harás que la persona caiga a tus pies. Debes decirle porqué tiene que formar parte de ese proyecto. Si conoces un poco del personaje, dile con confianza lo que sabes de él, pero, si lo acabas de conocer, hazlo sentir que estará haciendo historia involucrándose, que está a punto de ser protagonista de un movimiento mundial o lo bueno que será si se suma al proyecto.

" Sé que usted es un empresario que invierte en causas sociales, que trata muy bien a sus colaboradores, que lleva años dando lo mejor".

"Aunque no nos conocemos, tengo la sensación de que su apoyo será clave para darle mejor calidad de vida a nuestra gente".

6.- *Ahora, dile lo que quieres:* Este punto es crucial. Muchas veces no cerramos una negociación por dos razones: 1) por falta de tiempo o 2) porque no decimos directamente lo que queremos. Todas las personas están muy ocupadas en sus cosas, así que, si la persona objetivo te deja llegar hasta este punto, está en tus manos cerrar con broche de oro:

"Tengo una propuesta que no podrá rechazar, me facilita su tarjeta y le escribiré mañana para una reunión próximamente".

7.- *Despídete cortésmente*: Por último, debes despedirte cortésmente y con una expresión corporal de gratitud y de éxito.

"Muchas gracias, no se va a arrepentir"

Para hacerte la vida más fácil, así como se la he hecho a mis estudiantes, aquí te dejaré un formato para que practiques, hasta que puedas lograrlo por tus propios medios:

Hola, ¿sabía qué ______________________? (cuenta el problema que vienes a resolver) ¿Cómo podríamos hacer para que ______________________

______________________?

Mucho gusto, mi nombre es ______________________ (en caso que no sepa tu nombre), soy el creador o creadora de ______________________ (nombre de tu marca o negocio) en el que me dedico desde hace tiempo a______________________, debido a que durante años me he especializado en______________________

______________________ (experiencia, formación, talento, habilidad).

Conozco sobre usted porque______________________

____

(en caso que esa persona no sepa nada de ti, dile dónde lo has visto o cuéntale lo que sabes de él, lo que hace de su negocio y si eres usuaria o usuario).

Justamente estoy creando un negocio que ayuda a

____

______________________ (herramientas, soluciones)

Si me permite su número de contacto le llamaré mañana para ______________________

____

(dile qué quieres profundizar más del tema y también lo qué esperas de él o ella exactamente)

Despídete cortésmente: ______________________

____

Para cuando termines de hacer esta actividad, habrás creado uno de los mayores retos de un emprendedor: Un speaker al estilo *Elevator Pitch*. Aquí te dejo el QR del video más famoso y que me indujo a especializarme en este tipo de mensajes para vender mis productos y servicios:

Youtube eduCaixa: Elevator pitch. Tienes 20 segundos

La tarjeta de presentación

Ya sabes cómo obtener la atención de tu carnada en un momento inesperado, y no puedes dejarla escapar, aunque solo tengas 60 segundos para conversar. Ahora te contaré cómo debes hacer para presentarte en eventos donde el tiempo no es un factor de premura y en donde las personas, más que aliados comerciales, podrían resultar tus clientes.

La tarjeta de presentación será ahora el "cebo" para cumplir tu objetivo. Ella debe ser muy atractiva, para que no termine en el piso o en la basura. Ten en cuenta que la tarjeta debe tener tus datos básicos, tales como: nombre y apellido, cargo, número de contacto, e-mail, la web (si la tienes) y redes sociales; por supuesto, recuerda colocar también el logo de tu marca.

Una vez reunida toda esta información, te pido de corazón que imprimas varias tarjetas de presentación con cargos distintos, pues para nadie es un secreto que los emprendedores somos "toderos", y no me digas que tú eres la excepción, pues yo también he pasado por eso.

Ahora, te voy a explicar por qué esta técnica es necesaria: Si a todo el mundo le dices que eres el dueño, creador, fundador o gerente de la marca, entonces ellos sabrán que están frente a la persona a quien pueden regatearle el precio para que le salga más barata la compra o, quizás, terminan vendiéndote sus productos, creyendo que eres archi-millonario (rico) por ser el dueño de un negocio.

Por otra parte, un error que con frecuencia cometen los emprendedores con sus tarjetas es que se enfocan más en lo bonito del diseño que en el tamaño de la letra y en los contrastes de colores. Hay tarjetas que sencillamente no se entienden. Así que, ten en cuenta que la letra debe ser lo suficientemente grande, y que los colores, en especial los de fondo, deben ser combinados correctamente, para que el contraste beneficie al texto, no a una tarjeta bonita.

Otro error común es colocar sólo el nombre de la marca, olvidando el eslogan. Espero que tengas en mente la posibilidad de crear un eslogan, para que, en un texto corto, se pueda entender cuál es el propósito de tu marca.

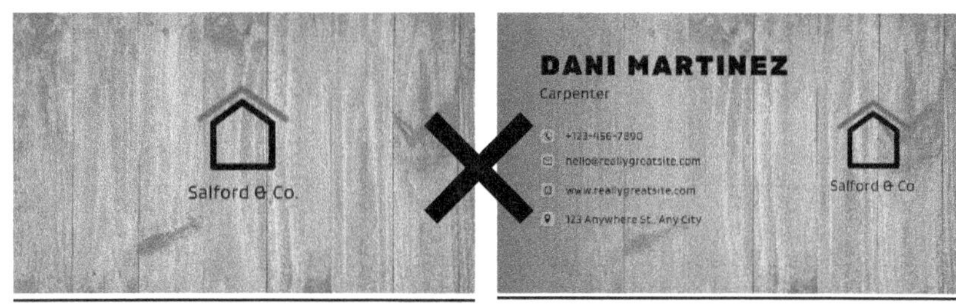

Diseños hechos en www.canva.com

Te regalos algunas plantillas para que edites tu tarjeta de presentación:
https://www.canva.com/design/DAF5CNk2xmE/wBeeX-Kj0dzHG3KBNCpN7A/edit

El momento de presentarla es clave para el éxito. Ahora que ya tienes claro cómo debe ser tu tarjeta, debo enseñarte algo mucho más importante, que es la forma correcta en que debes entregarla.

Lo que te voy a decir a continuación, se lo agradezco al ingeniero Salvador Cummnigs, profesor y empresario que conocí en un evento para emprendedores.

Es común que en las reuniones donde queremos conocer a otros emprendedores pasemos de persona en persona entregando nuestra tarjeta de presentación. De hecho, eso fue lo que vi que hicieron todos, el día que conocía a Salvador, menos él.

Salvador se acercó a mí para entregarme su tarjeta y un folleto. Recuerdo que la hoja tenía su marca, llamada En-simas, con una foto de vacas y pacas de pasto a los lados. Para una persona como yo, la verdad que ni siquiera me llamó la atención su producto, pues en ese momento no pasaba por mi mente hacer inversiones en ese ramo, así que, muy educadamente, tomé la tarjeta, le di las gracias y cuando me disponía a continuar Salvador brincó con un comentario que llamó mi atención:

"Yo vendo algo así como una granola para vacas"

Yo me dije para mis adentros *"¿En serio? Las vacas pueden comer algo que no sea monte"*. Y mientras lo miraba, continuó hablando:

"¿Sabes algo? En un curso que hice sobre ventas, me enseñaron que, cuando uno entrega **una tarjeta**, para que la gente no la deseche, hay que **entregarla contando una historia**, en este caso la historia del producto para que **genere una empatía** y **la persona recuerde** a quién se la entregó y la conserve".

Desde entonces, y hasta nuestros días, he promovido esta lección entre los emprendedores, pues eso que escuché ese día fue lo que hizo que recordara a Salvador y lo llamara al día siguiente. Ahora somos grandes compañeros que nos apoyamos en este maravilloso mundo del emprendimiento.

Un poco más de "cebo" para la presa

Cuando estamos comenzando un negocio nos sobra la pasión, pero nos falta el dinero para estrategias puntuales, como la publicidad, por eso, una manera de hacer visible tu marca es que utilices material POP (siglas de Point Of Pucharse) que se relaciona a todo objeto o papel que tiene estampado el logo de tu empresa y se obsequia a las personas que visitan los locales donde tiene presencia tu marca o también se los puedes regalar a tus clientes, es decir, los que ya te han comprado.

Es una manera indirecta de invitar a las personas a que compren, o sigan comprando, nuestros productos y servicios. Aquí el secreto del éxito está en que expongas tu logo la mayor cantidad de veces: en afiches, banner, tazas, gorras, bolígrafos, *stickers*, bolsas, llaveros, prendedores, dijes, carpetas, agendas, hojas de oficina, entre otros.

Una vez listo este material, debes planear dónde lo vas a colocar o a quién se lo vas a obsequiar; algo importante en este último punto, donde tú seleccionas a la persona, pues al escoger a alguien, automáticamente la estarás convirtiendo en embajador o embajadora de tu marca, ¿por qué? Porque si le das una gorra, por ejemplo, la exhibirá en todos los lugares que visite con ella puesta, así que, si te vas a tomar la tarea de regalar material POP, hazlo con planificación, que sea gente que realce tu marca en los lugares donde se moviliza.

Véndete de forma virtual

Nuestros padres y abuelos sí que se la vieron difíciles en sus tiempos. Para vender tuvieron que caminar mucho o estar en un local que les absorbía buena parte de las ganancias del negocio.

Nosotros la tenemos mucho más fácil y económica. Desde las redes sociales, donde podemos ofrecer nuestros productos sin costo alguno, hasta la creación de un *e-commerce* desde nuestra propia página web o desde cualquier otra ya existente: *Amazon*, Mercadolibre, *Alibaba*, *Ebay*, Unomás, entre otras.

Aquellos que puedan pagar una página web y adquirir el paquete *e-commerce* que te deja colocar el carrito virtual para que todos paguen en línea, eso sería genial. Pero si sólo cuentas con tus redes sociales, entonces, aprovecha estos espacios digitales para crear una tienda virtual.

También es importante que te apoyes en tu *WhatsApp*, *Telegram* o cualquier aplicación que uses en tu celular para interactuar con tus contactos. Particularmente, me ha resultado bastante bien escribirle directo a mis conocidos y ofrecerles mis servicios.

A medida que vayas generando ingresos, debes considerar la posibilidad de invertir en marketing digital, pero no te apresures. En mi próximo libro te daré los detalles para que logres que tu inversión en publicidad se vea reflejada en tu cuenta bancaria.

Un último dato, si tienes varias redes sociales, lo ideal es que puedas tener un sitio de aterrizaje donde estén todas. Particularmente uso una aplicación llamada *Link.tree* que me permite colocar todos los *links* donde promuevo contenido de mis productos y servicios, luego lo publico en la biografía de Instagram y, además, genero un código QR que comparto con las personas.

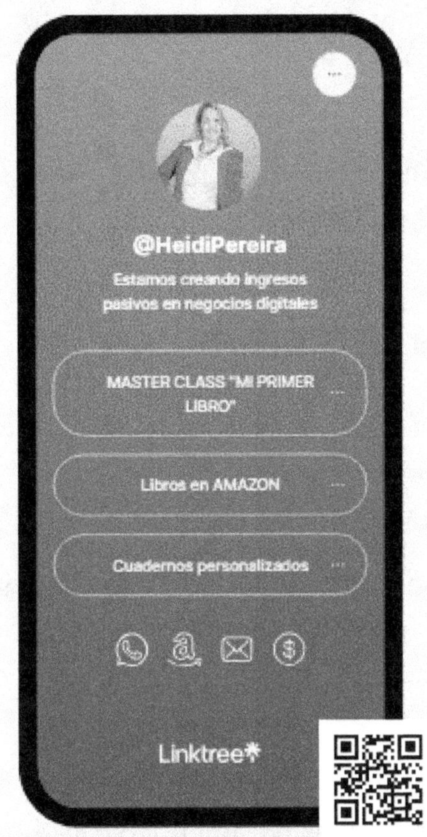

Linktree de @Heidipereira

"Si la montaña no va a Mahoma…" manda un Delivery

Aquellos que decidieron utilizar el servicio de *delivery* (o motorizado de entregas) durante la pandemia del 2020, para llevar productos hasta el lugar donde se encontraba sus clientes, se habrán dado cuenta lo práctico que es trabajar con este sistema.

Los puntos a considerar son varios, pues estas empresas cobran más o menos dinero de acuerdo al volumen y al peso del paquete a entregar, o si va más cerca o más lejos desde la oficina donde lo coloques.

De igual forma, debes considerar que hay ciertos productos en el que es obligatorio el pago de un seguro, así que te van a cobrar más caro cuando declares que el paquete contiene algo de gran valor y si se trata de algo sencillo, muchas veces solo cobran el viaje de un lugar a otro.

No te preocupes por el pago adicional que hay que sumar del *delivery*. La realidad es que hoy en día la gente prefiere pagar ese servicio que estar en la calle arriesgando su vida.

Así que no te cierres a ninguna de las posibilidades. Igual, siempre lo más recomendable será que consultes con tu cliente y se pongan de acuerdo sobre la forma de entrega, bien sea personal o con *delivery*, y en este último caso, el nombre de la compañía con la cual prefieran trabajar.

Cuando se trata de un emprendedor, no necesariamente debes apoyarte en una empresa famosa en tu país. Desde este momento puedes generar una oportunidad de ingresos a un familiar, vecino o amistad. Lo importante es no quedar mal con el cliente. Aquí lo que importa es que tengas la opción de envío a domicilio en tu servicio.

Deja que otros hablen de ti

Esta es la mejor experiencia que he tenido desde que comencé a buscar alianzas para proyectar mi marca y la de los emprendedores. Tener contactos influyentes o *influencer*, es decir, de personas que han causado impacto en sus redes sociales y que ahora cuentan con 3000, 5000, 8000 y hasta más de 10 mil seguidores o más, me han permitido crecer a mí también en este mundo virtual, particularmente desde mi cuenta de Instagram.

La verdad es que cuando eres **"virgen en los negocios"** tienes que aprender **a crear estrategias** que te ayuden a que **la novatada no te salga tan cara**.

Y por esta etapa pasamos todos, incluyendo estas personas que están dando de qué hablar en las redes sociales, así que, haz que la magia ocurra y que ellos hablen sobre tu marca.

A cambio, puedes ofrecerles muestras gratis de tu producto o, si es el caso de tu servicio, y permíteles que disfruten de lo que haces sin costo alguno.

Si logras hacer esto, te doy la bienvenida al movimiento mundial de economía colaborativa, no es para nada nuevo, pero yo me he dado la tarea de promover esta filosofía de negocio desde hace un buen tiempo. Este punto lo detallaré mejor para ti en el próximo capítulo.

Volviendo a este tema, quiero darte un consejo adicional. No busques personas que tienen muchísimos seguidores, basta con que tengan de 3000 en adelante, son más accesibles para interactuar y pocas veces esperan recibir dinero por publicidad.

Estos son llamados micro influyentes, que en su mayoría cuentan con un público leal y fiel a la hora de escuchar sus consejos.

Mi recomendación es que desde ahora revises las cuentas en tu red social favorita y contactes con estas personas para que lleguen a un acuerdo en el que todos salgan ganando.

Redes Sociales: Lo que no te dicen los "marketeros"

Con el tiempo he aprendido a manejar las redes sociales de forma más profesional, gracias a los cursos pagos que he adquirido. Créeme cuando te digo que solo ver tutoriales de *Youtube* no es suficiente para que los internautas te vean y te compren.

Y la realidad es que los marketeros no te dicen todos sus trucos, no porque sean malas personas, sino porque todo se vuelve más difícil en la medida en que vas comprendiendo cómo funcionan los algoritmos, los KPI, los CPI, los *engagement*, los números de conversiones y todo lo relacionado con estadísticas de forma global y detallada.

Pero, para que no te compliques con esos temas tan profundos en esta primera fase de tu vida como emprendedor, voy a darte 9 tips que harán que tengas mejor presencia en las redes sociales:

1.- *Las primeras imágenes o videos*: Antes de abrir una cuenta en cualquier red social, lo primero que debes hacer es crear entre 10 a 20 imágenes. ¿Por qué? Por la sencilla razón de que nadie te va a comenzar a seguir si tu cuenta está vacía.

2.- *Agrega los hashtags:* Estas son palabras claves que van con el signo de numeral al inicio (#) y debes colocarlas seguido del texto que acompaña el video o la imagen que publicas. Apóyate en Google y busca cuáles son los *hashtags* en tendencia. Esto te servirá para que aparezcas en los buscadores de las redes cuando las personas estén buscando algo a través de una palabra.

3.- *Maneja herramientas*: Otra de las cosas que debes saber es que puedes aprovechar contenido de otros medios para que tu cuenta tenga movimiento diariamente. Por ejemplo, una aplicación que te permita hacer *repost* es ideal para que copies una imagen o video de otra cuenta y la publiques automáticamente en tu cuenta. Yo utilizo la aplicación *Snaptube.*

Ahora bien, si estas en redes más selectivas como *Twitter, LinkedIn* o *Facebook,* necesitarás enfocar tu contenido en las noticias. Para ello, lo mejor será apoyarte en tu cuenta de Gmail y crear una alerta de noticias acorde a tu mercado, a través de Google Alerta.

De esta forma, llegarán a tu correo notificaciones sobre noticias del tema que hayas escogido. Mira cómo se configura en el video que verás a continuación:

YouTube Pao Marketing Digital: Google Alerts Tutorial

Si ya te has posicionado como una marca jovial y divertida, puedes publicar memes, que consisten en imágenes sumamente divertidas alusivos a momentos en tendencia en las noticias. Los encuentras en cualquier parte de internet.

4.-*Seguir cuentas de otros en redes y unirte a grupos de Facebook:* Sabemos que quieres que te sigan, pero tú también debes hacerlo sin preocuparte por nada, eso es gratis y no cuesta nada. Debes buscar marcas similares a las tuyas. Haz de cuenta que esto te va a servir para analizar lo que hace tu competencia. Los grupos de Facebook, por su parte, te ayudan a que puedas publicar y darte a conocer en diferentes partes con diferentes nichos de mercado.

5.- *Interactuar:* Debes tener en mente algo para escribirle a la gente que te vaya siguiendo. Esto lo puedes programar, muchas redes sociales dan esa opción como mensaje de bienvenida. En caso de que no sepas, no te enrolles, esa información la consigues gratis en internet. Te recomiendo también que dediques un día de la semana para escribir en las publicaciones de otras personas, eso te hará visible y tal vez logres que también te sigan.

6.- *Mostrar el precio*: ¿Para qué lo vas a ocultar? El que le guste lo que haces y esté conforme con el precio, te escribirá. Así cerrarás la venta más rápido que con otra persona a quien le vas a tener que dar más explicaciones.

7.-*Actualizar aplicaciones:* Las redes sociales todo el tiempo se están actualizando, si tu celular no es tan moderno, debes estar pendiente de las actualizaciones. Muchas veces, dejamos de utilizar herramientas poderosas, porque ni siquiera sabemos que existen dentro de las mismas redes sociales que utilizamos a diario y que gracias a las actualizaciones, aparecen como herramientas nuevas y las podemos utilizar en cualquier momento.

8.- *Concursos:* Cuando estás comenzando, lo mejor es que te unas con otros emprendedores y hagan juntos algún concurso o como muchos le llaman *give away*. Debes crear las reglas para que la gente pueda ganar el premio. Te invito a que busques en la cuenta de Instagram @elcanaldelosemprendedores y veas algunos ejemplos de redacción para estos concursos.

9.- *Revisar las estadísticas*: Por último, pero no menos importante, debes estar pendiente de las estadísticas que ofrecen las redes sociales. Es una manera de entender mejor la forma en que interactúa tu público con tu cuenta. En estas estadísticas conocerás cuántos de tus seguidores son hombres o mujeres, qué edades tienen, cuáles publicaciones tienen más vistas y a qué horas, entre otros datos sumamente importantes para un emprendedor naciente como tú.

Si ya me has seguido hasta aquí, entonces no te pierdas el siguiente capítulo, pues te voy a demostrar que no estás solo en este maravilloso mundo del emprendimiento. Si tú eres persistente y crees en ti, te aseguro que pronto llegarán las personas correctas para que comiences a crecer y saborees lo maravilloso que es disponer de tu tiempo para emprender, compartir con la familia, estudiar, conocer personas, monetizar tus habilidades, e incluso, viajar por negocios o placer.

Apuntes importantes:

CAPÍTULO V

Si lo vas a entregar todo, ábrele los brazos al dinero

Exprésalo sin pena: el dinero da placer

Hay dos formas en las que puedes perder la virginidad "con dinero o sin dinero". Los que están en el primero bando gozan más que los que están en el segundo, por la sencilla razón de que el dinero te va a complacer en todos los caprichos que quieras.

Una vez leí una frase que decía: *"El dinero no da la felicidad, pero es mejor llorar dentro de un Lamborghini que en un autobús"*

Sea como sea, cuando estas sin un dólar en el bolsillo, tengas vehículo o uses el transporte público, te desequilibras emocionalmente, ¿por qué? Porque cuando uno está entregado en cuerpo y alma a un proyecto, lo mejor que te puede pasar es que recibas dinero. Eso te ayudará a continuar con tus metas sin tantos sacrificios ni dolor.

Del dinero he aprendido tantas cosas buenas, que decidí escribir un capítulo completo del tema para demostrarte que poseerlo es mejor que mantenerte en la incertidumbre de no tenerlo hoy, mañana, pasado mañana, dentro de un mes y así hasta que te das cuenta que llevas toda tu vida siendo pobre y pasando penurias.

Analicemos estas frases: *"pobre pero honrado"* (pero en los barrios también hay gente deshonrada), *"los ricos no pueden comprar la felicidad con su dinero"* (y los pobres ¿con qué la compran?), *"cochino dinero"* (pero como lo usan para limpiar almas), *"yo no me vendo por 4 centavos"* (Claro, uno vale más que eso), *"los pobres son más felices que los ricos"* (Eso no tiene nada que ver, los he visto felices e infelices en ambos bandos).

¿Acaso no te das cuenta que cuando hablas mal de alguien, sencillamente no se acerca a ti? Si quieres tener dinero, debes expresarlo sin pena y permite sentirte con gozo cuando lo utilizas para pagar la cuenta del restaurante, comprar ropa nueva, pasear sin preocuparte de los gastos o, incluso, darle regalo costoso a esa persona que amas.

Debes entender que **el dinero** es una herramienta buena y que te **facilita muchas cosas** en tu vida, de esta forma se va a **potenciar** y lo verás en **abundancia**.

Con el dinero vas a tener acceso a una buena educación, salud, vivienda propia, tiempo de calidad en familia o con tus amigos, comprarás ese vehículo que tantos sueñas, viajarás, conocerás otras culturas y, seguramente, ayudarás a construir un mundo mejor.

Quiero darte otra buena noticia: ¡Todos los días se imprimen billetes en el mundo! Por lo que hay suficiente para todos, y lo mejor es que no expira ni se desaparece. Si llega un billete a tu mano lo intercambias, pasa de mano en mano, así que es infinito. No como una fruta que, después que te la comes, deja de existir.

Tabúes que no te dejan disfrutar del dinero

Sí, me imagino que te estarás preguntando: Entonces ¿por qué no me llega el dinero? Y te voy a decirte la razón y la solución, porque yo pasé por esa situación. La razón principal es porque seguramente tu mente está llena de momentos en donde tú, tus padres, hermanos o algún amigo pasó penurias por falta de dinero; sino es así, entonces analiza cuántos momentos malos recuerdas en el que el dinero ha sido protagonista de circunstancias dañinas para la humanidad, partiendo del estereotipo "novelero" en el que una persona millonaria se aprovecha de su poder para hacerle daño a su rival; esto no es tu culpa, estamos bombardeados de noticias negativas todo el tiempo.

Todas estas circunstancias, provocarán en tu mente inconsciente que creas que tener dinero te hará una persona mala, pero, no tenerlo, te convertirá en un problema para sus seres queridos. ¿Te das cuenta de la disyuntiva en la que vivimos?

Para solucionar esto, lo primero que tienes que hacer es limpiar tu mente de esos malos recuerdos que ha impactado tu vida. Desde ahora, te invito a que comiences a repetir constantemente frases como: *"Soy una persona próspera y abundante"*; *"el dinero llega a mí con facilidad, gozo y alegría"*; *"soy una fuente inagotable de dinero"*; *"soy una persona libre de deudas"* y así hasta que logres alcanzar un estado de conciencia que te permita observar lo que hay en abundancia: árboles, animales, personas, carros, comida e incluso, dinero…entenderás que hay de sobra para todos.

Lo que me ayudó a mejorar mi relación con el dinero, fueron los retos de meditación de Deepak Chopra, que puedes escuchar gratuitamente desde *YouTube*. En los momentos que hago estos ejercicios, acepto con gratitud lo valioso que fue enrumbarme hacia el emprendimiento, pues no les miento, mi mente me hizo creer que para ser una buena persona debía ayudar a los demás a construir su negocio, sin recibir ni un solo centavo a cambio. Así que, durante los primeros años de mi emprendimiento, estuve en quiebra.

Después que pude salir de este conflicto mental, comencé a prosperar. Por eso la razón de crear este libro, con un título tan llamativo, que se relaciona con el sexo y los negocios. Es momento de dejar de ver con tanto tabú la virginidad, porque lo más seguro es que muchos de ustedes hayan sentido dolor la primera vez, pero si les gustó, siguieron la práctica una y otra vez.

En el mundo de los negocios es igual. Al principio, cuando no se entiende bien el proceso, puedes pasar momentos de sufrimientos, porque la falta de experiencia te conlleva a tomar malas decisiones, pero después que entiendes cómo hacer dinero, le agarras el gustito y comienzas a crear diferentes modelos de negocios que te generan placer por el éxito que experimentas en cada uno de ellos.

Así que toma conciencia de lo que tienes hoy, proyecta tu mente en lo que vas a tener mañana con la convicción de que lo vas a lograr, y agradece todos los días infinitamente.

Verás cómo todo lo que se introduce en tu cerebro hará que te entregues más al placer de emprender, y como resultado serás más feliz y abundante, sin importar los prejuicios que tiene la gente sobre este tema, pues la realidad es que "se sufre, pero se goza".

Veamos tu relación con el dinero en este test

He creado una herramienta que te ayudará a medir tu relación con el dinero. Se trata de un test que elaboré para un grupo de alumnos. Después de aplicarlo un par de veces y ver los resultados, me pregunté qué pasaría si los emprendedores utilizaran esta herramienta constantemente, no solamente para ellos, sino para medir la mentalidad de quienes lo rodean, pues como dijo el motivador, escritor y empresario estadounidense Jim Rohn (+) *"eres el promedio de las 5 personas con las que pasas más tiempo"*.

La idea de este capítulo es que en el camino puedas ir transformando tu mente y disfrutes del dinero con delirio, con felicidad y algo de locura, como lo hace el italiano Gianluca Vacchi, uno de los empresarios más famoso que ha acaparado la atención de los internautas desde el año 2016 hasta nuestros tiempos. Espero que sea de gran utilidad para ti.

Instagram de Gianluca Vacci
https://www.instagram.com/gianlucavacchi/?hl=es-la

Test Mentalidad del Dinero

Usualmente crecemos alrededor de diferentes asociaciones e ideas respecto al dinero. Realizaremos un balance con el objetivo de medir qué tan poderosa es esta herramienta para tu día a día y cómo afecta tus emociones:

Responde de acuerdo a lo que verdaderamente te transmiten tus pensamientos con cada pregunta:

1. **¿Qué tan Importante es el dinero en tu vida?**
   a. Demasiado: ____
   b. Mucho:____
   c. Poco: ____
   d. Casi nada:_____

2. **¿Qué tanto es suficiente?**
   a. Más de \$50.000 mensual: ____
   b. Entre \$10.000 a \$50.000 mensual: ____
   c. Entre \$1000 a \$9000 mensual: ____
   d. Entre \$100 a \$900 mensual: ____

3. **¿Es el dinero una distracción que se nos presenta en el camino espiritual?**
   a. Si:____
   b. No. Siempre y cuando tengamos control de nuestra mente: ____
   c. No sé:_____
   d. Lo espiritual no tiene nada que ver con el dinero: _____

4. ¿Es un mal necesario?

a. No:_____

b. Definitivamente Si:____

c. No sé:_____

d. Nadie nació con una paca de dinero debajo el brazo: _____

5. ¿Acaso es injusto que algunas personas tengan más dinero que otras?

a. No:____

b. Si:_____

c. No sé:_____

d. Los que tienen más es porque la vida le ha dado más oportunidades:_____

6. ¿La gente pobre es más noble o humilde que la gente rica?

a. No:____

b. Si:_____

c. Creo que ambas son iguales: _____

d. Definitivamente el rico pierde la humildad: _____

7. ¿Es posible convertirse en una persona millonaria de manera honesta?

a. Es totalmente correcto:____

b. No creo, siempre habrán tentaciones que superar:__

c. No sé:_____

d. Imposible:_____

8. ¿Qué asumirías sobre un millonario?

a. Es un hombre trabajador:_____

b. Es un hombre honesto:_____
c. Es un ladrón: _____
d. Es cuestión de suerte:_____

9. ¿Qué asumirías sobre alguien que está en bancarrota?
a. Se ha arriesgado poco en la vida: ___
b. No ha sabido aliarse con buenas personas: _____
c. Le falta preparación profesional:_____
d. Tiene mala suerte:_____

7. **¿Cómo te sentirías con una pareja sentimental que gane 10 veces más de lo que tú ganas? ¿o 10 veces menos?**
a. A gusto: _____
b. Algo incómodo:_____
c. Muy incómodo: ______
d. Frustración:_____

Para obtener los resultados, suma los totales según los puntos obtenidos por cada pregunta:
a) 5tos **b)** 4ptos   **c)** 3 ptos   **d)** 2 ptos

Ahora que tienes la suma de todas las respuestas, ve a la siguiente página y mira cómo está tu relación con el dinero.

Respuesta:

De 20 a 25: Usted ha sido una persona criada con muchos prejuicios. Para poder emprender, debe cambiar su paradigma acerca del dinero, ya que sus respuestas lo catalogan con mentalidad de pobre. Esto no quiere decir que usted esté mal, simplemente que ha sido víctima de un bombardeo mediático que no le ha permitido manejar la energía del dinero para su prosperidad y abundancia.

De 26 a 36: No saber nada sobre el dinero no lo hará ni más rico ni más pobre, pero es lamentable que espere que la suerte decida su destino. Mientras mantenga mentalidad de conformista, usted sentirá que con lo que tiene es suficiente para vivir, no tendrá deseos de tener más ni estará dispuesto a trabajar para dejar una herencia a sus generaciones.

De 37 a 45: Tienes el deseo de crecer y desarrollar habilidades con el dinero para gozar de una vida confortable. Sigue estudiando estrategias financieras para emprendedores para que no se apague esa pasión que hay dentro de ti por obtener dinero. Recuerda que sigues rodeado de personas que te llevarán la contraria, por lo que te recomiendo que te unas a personas con iguales pensamientos que los tuyos

De 46 a 50: ¡Felicitaciones! Mantén tu visión ganadora. Eres de las personas que no se intimida con la negatividad de otros, pues has pasado muchos años de tu vida rodeado de personas con mentalidad de pobre y, sin embargo, estás claro de que el dinero es una vía para obtener beneficios, generar estabilidad y confort en tu vida y la de quienes te rodean, además, te satisface saber que otras personas también pueden tener tanto dinero como se lo proponga. Cualquier emprendedor le gustará tener un socio como tú a su lado.

"Ponte en 4" +1 para que lo goces

Dicen que todo en los extremos hace daño, así que creer que en este capítulo solamente nos enfocaremos en "la fórmula secreta para ser millonario" no nos llevará a los objetivos esperados: tener buenos negocios y ser felices.

Hemos hablado con detalle de la importancia del dinero, pero existe otros 4 pilares fundamentales que debemos trabajar en conjunto: las relaciones, la salud, la educación y la recreación. Así que, en esta sesión, voy a explicarte la importancia de los otros pilares:

Las relaciones: Nadie puede estar solo en la vida. Todos somos una pieza de este rompecabeza llamado mundo. Lo que tú no sabes, lo sabe otro y, lo que tú tienes para dar, alguien debe recibirlo, sino ¿qué sentido tiene que estés construyendo un negocio? Así que desde ahora proponte ser más extrovertido para conocer gente de negocios con quienes podrás hablar sin "tabúes" sobre este mundo de dolor y placer.

¿Sabes de qué se trata la Programación Neurolingüística (PNL)? Si es primera vez que lees este término, te recomiendo que escuches o leas el libro de Jünger Klarick titulado **Véndele a la mente, NO a la gente**. Aprenderás cómo mejorar tus discursos con técnicas de persuasión y te hará transmitir un mensaje más atractivo cuando te relaciones con los demás.

Otro tema fundamental en este punto es el liderazgo. Tal vez te cueste aceptar que eres un líder, pero, desde que decides emprender estás aplicando técnicas de liderazgo intuitivamente, porque has comprendido que para poner en marcha un negocio se necesita personas que compren lo que vendes, y cada persona involucrada en los que haces debe sentir que lo que haces está beneficiando a tu entorno. Los mejores libros para aprender sobre liderazgo, a mi juicio, son los de John Maxwell.

La salud: Conoces el refrán *"el amor con hambre no dura"*, que tal si estructuramos el mensaje de esta forma: *"el amor con una alimentación sana y balanceada dura para siempre"* o que tal esta: *"Yo quiero a mi pareja tal como es: sin el colesterol alto y sin sufrir de diabetes"*.

De nada te servirá ser millonario si estas sentenciado a morir pronto. Desde hoy debes crear hábitos que aplicarás cuando seas una persona millonaria: dormir una siesta en la tarde, ir al gimnasio todos los días, tener una dieta balanceada, conectarte con la naturaleza, meditar, etc. Si dedicas tiempo a mejorar tu salud física y mentalmente, te garantizo que tendrás más energía para aprovechar las 24 horas del día.

La educación: Si bien es cierto que al principio de este libro les dije que era más importante estar dispuesto que estar preparado, tampoco es menos cierto que en la medida que vayas avanzando en el mundo de los negocios, debes prepárate para que no te quedes rezagado y el dinero que hagas se lo lleve el abogado, el contador o tu socio. Tienes que saber de todo un poco y potenciar lo que ya sabías. De esta forma, tu negocio irá creciendo y el mercado te irá exigiendo, desarrollarás nuevas tendencias y tú estarás a la vanguardia de todo.

Los temas principales que recomiendo: decretos y leyes que beneficien a las pequeñas y medias empresas, plan de negocios, mentalidad empresarial, estudios de mercado en la categoría en la que te desarrollas pagos de impuestos, contabilidad, publicidad, imagen corporativa, liderazgo, ventas, neuro-marketing y la atención al cliente, entre otros.

La recreación: En tu agenda debe estar programada tus horas de esparcimiento o paseos con la familia. Como te dije anteriormente, sino te programas hoy, que no eres empresario, menos lo vas hacer mañana cuando tengas reuniones y asuntos que resolver. He estado involucrada con un empresario en los últimos años que, a pesar de tener negocios rentables, parece una bomba de tiempo con el estrés que muestra al hablar.

En la medida que tomes en serio la recreación, vas a disfrutar más este camino hacia tu libertad financiera, pero también curiosamente vas a contribuir con la sociedad, porque cuando paseamos vamos dejando dinero en varios lugares a cambio de atención y servicio, de consumo y de todo lo que sea agradable para ese momento. De esta forma todos nos beneficiamos, y todos crecemos en **economía colaborativa.**

Por último, para completar el +1 que escribí en el enunciado de esta parte, recuerda que venimos hablando sobre el dinero en este capítulo. Así que trabaja también en ti, en lo que te hace feliz y en la forma de cómo quieres vivir después que seas exitoso/a.

+1 Yo Soy: La lección más importante para conectar con la prosperidad y la abundancia es que tienes que recordar "quién eres". Yo te lo voy a decir: Eres un ser de luz, maravilloso, lleno de cualidades y sueños, eres buena persona siempre dispuesta a ayudar; también eres una persona poderosa, la que ha heredado todo lo que está a tu alrededor para multiplicarlo, porque eres un Co-creador/a. Tienes facultades y dones, todos porque estás aquí como un ser evolucionado, no eres un cavernícola, ahora eres un ser pensante y racional, por eso exclama: Yo soy Amor, Yo soy Paz Yo soy Autoridad, Yo soy Próspero, Yo soy Equilibrio y Yo soy Co-creación, en armonía perfecta con este universo lleno de prosperidad y abundancia para todos".

Te sugiero que saques copia a la siguiente hoja y lo pegues cerca del espejo que usas para verte todos los días.

YO SOY AMOR

YO SOY PAZ

YO SOY AUTORIDAD

YO SOY PROSPERIDAD

YO SOY EQUILIBRIO

YO SOY CO-CREACIÓN

"En armonía perfecta con este universo lleno de prosperidad y abundancia para todos"

HECHO ESTÁ

Piensa con prosperidad y se te dará

Insisto en este tema de **la prosperidad**, porque en realidad no quiero que tardes mucho en sentirla, ya que **vibrar en la energía correcta es la mejor motivación** para continuar en este maravilloso mundo del **emprendimiento**.

Una de las actividades que demanda constantemente mi trabajo son las reuniones que coordino con los emprendedores durante todas las semanas. En estos encuentros reflexiono que unos prefieren hablar parados en algún lugar público, mientras que otros optan por conversar en un lugar donde sentarnos y bebernos algo.

¿Qué los hace tomar decisiones distintas? La proyección que tienen de ellos mismo hacia el futuro. Todo aquel que quiere verse como un empresario, sabe que los encuentros formales se realizan, vestidos con formalidad, en un espacio donde sentarse y tomar un café o un té.

Para este punto, quiero recomendarles el mejor video que he visto del conferencista Mauricio Benoist, titulado "Crea tu mente empresarial". Explica la importancia de la activación reticular como un mecanismo para visualizar a dónde quieres llegar atrayendo a la gente indicada que te permitirá construir eso que estás visualizando en la mente: Tu éxito.

YouTube de Biia Lab: Crea tu mente empresarial Mauricio Benoist

Un consejo más en este segmento antes de avanzar. Hay que estar dispuesto a recibir de vuelta las bendiciones que el universo te otorgará cuando practicas el dar. Si eres buena persona, el mundo siempre va a conspirar para que recibas más, más y más amor, más dinero, más amistades, más de todo. Acéptalo y disfrútalo sin remordimientos.

Nada es gratis: dale valor a tu talento

Por último, quiero desenmascarar otro mito que los emprendedores llevan como una especie de karma. "Comienza sin cobrar para que la gente conozca tu producto o servicio"

Dinero atrae dinero. Así que, si quieres dinero debes moverlo con tus manos, sentirlo día a día, más si estás trabajando de forma independiente. Al principio suena como algo difícil cuando no sabes ni a quien venderle tu producto o servicio, pero en realidad siempre hay que buscar la forma de atraer el dinero todos los días.

El detalle está, o el mal hábito que tienen muchos emprendedores, en sus primeros pasos, es que juegan con el valor de su mercancía. Hoy publican algo en un precio, mañana lo rebajan al 50% y el fin de semana lo están regalando.

"**Nunca regales** algo **sin un beneficio** a cambio"

Si estas comenzando y necesitas clientes que te den críticas constructivas de tu producto o servicio, es válido cobrar más económico, o si es necesario, entregues parte de tu mercancía, pero con un propósito claro: que te den publicidad o proyección de boca en boca, que sea una persona con experiencia en una determinada área y que te pueda dar una asesoría o, como en toda economía colaborativa, que te den algo a cambio para seguir creciendo.

Psicológicamente, hacer esta actividad **te sube la autoestima**, te empodera y **te haces percibir** como una persona **profesional**.

Además, suele ocurrir que las personas que forman parte de tus primeras ventas, recurren a ti nuevamente, entonces, en esa segunda oportunidad, podrás cobrar lo justo.

En el próximo capítulo te explicaré paso a paso cómo ponerle precio a tus productos y servicios para que no te pase lo que les pasa a muchos, que ponen un precio creyendo que están ganando cerca de un 50%, pero cuando calculan los gastos de la materia prima, transporte, publicidad y mano de obra, su margen de ganancia no llega ni a 20%.

Apuntes importantes:

CAPÍTULO VI

Evitando situaciones embarazosas

Contabilidad: Echemos numeritos

l dinero "entra y sale", "sale y entra"… Si concientizas este dicho desde el momento en que decides dar el primer paso en los negocios, sabrás la medida exacta de cuánto te habrá costado lanzarte a la aventura de dejar de ser "Virgen en los Negocios".

Para este punto, me he apoyado en Lourdes Pinzón, contadora certificada, quien me enseñó que cada vez que inviertes un dólar en tu negocio, debes registrarlo, ya que esto te generará varios conocimientos. Entre ellos, si estás obteniendo buenas ganancias o calcular el valor de las acciones de tu empresa, por si acaso en el futuro decides incluir a algún socio o socia.

Y antes de avanzar en este punto, quiero que acabemos con dos mitos:

1.- La contabilidad sólo la realiza un Contador Público Autorizado. Falso. La contabilidad empieza por ti y debes tener el conocimiento y la responsabilidad plena de lo que gastas y cuánto estás dispuesto a invertir. El contador se rige por la información y las facturas que le entregarás (luz, alquiler, transporte, materia prima, utensilios, internet, etc.). Así que prepárate para que trabajes de la mano con este profesional.

2. La Contabilidad no es para emprendimientos pequeños: Tal vez la gente piensa de esta manera cuando aún no ha gestionado su identidad fiscal y, por ende, no paga impuestos, pero créeme: la contabilidad va mucho más allá. Con estos conocimientos podrás poner el precio correcto a cada producto o servicio que lances al mercado.

La gente como yo, que tiene más de un emprendimiento encima, casi siempre procesa esta información positivamente, al contrario de los que aún son vírgenes, pues para ellos pasar por todo esto se ve como muy complicado.

Uno de los primeros negocios que realicé desde casa, fue la venta de jugos congelados en vasos (duros, telas, chupete, marcianos, helados), y como toda emprendedora novata, le puse precio calculando simplemente el valor invertido en cada vaso y le sumaba un porcentaje de ganancia esperada. La verdad, era tan baja la inversión (apenas 10 centavos) que decidí vender el producto en 25 centavos.

Un día, mi amiga Lourdes (sí, la contadora que acabo de mencionar) fue a visitarme y me pidió un vaso de jugo congelado de maracuyá. Cuando fue a pagar, quedó impresionada por lo barato del producto. Orgullosa de mis cálculos, le demostré que el negocio no generaba pérdidas, así que creí que me iba bien hasta que Lourdes me hizo un par de preguntas que cambió mi vida para siempre:

- *Heidi, con este emprendimiento: ¿cuánto quieres ganar mensualmente?*

- *Bueno, en realidad, esto es algo temporal, así que me conformo con que cubra los gastos básicos como el recibo de luz, internet* *y algo para los desayunos… Digamos que $200 mensuales está bien para nosotros. –* le contesté.

- *Eso quiere decir que, si tu ganancia es de 15 centavo por vaso, para llegar a ese monto, debes vender mil trescientos treinta y tre (1.333) vasos al mes. ¿Crees que puedas tener esa cantidad de clientes todos los meses?*

Después de caerme para atrás, y levantarme nuevamente, llegué a la conclusión de que definitivamente tenía que tomarme en serio la contabilidad, si quería progresar en los sucesivos negocios. Así que me puse manos a la obra para estudiar el tema.

La contabilidad, sin caer en una definición técnica, es el sistema que crea un emprendedor para conocer a ciencia cierta el costo, el gasto y las ventas que genera su negocio. Dicho conocimiento te otorgará la capacidad de tomar las mejores decisiones para capitalizar tus ganancias, de forma que puedas hacer crecer tu negocio y mejorar tu calidad de vida.

Por ende, debemos tener conciencia de todo: costos de producción, gastos que resultan del transporte, publicidad, internet, llamadas, etc.; también debes tener apuntado todo lo que vendes a crédito o al contado.

Apóyate en carpetas para que guardes las facturas de todo lo que consumes, y apunta todo lo que vendas, ya que si no tienes contador puedes aplicar una fórmula sencilla para saber si estás saliendo adelante con tu negocio o debes desistir, porque solo te traerá pérdidas.

La suma de los **Costos (C)**, o lo que has invertido en la materia prima de tu producto, debes restarlo de la suma de las **Ventas (V)** que hiciste en el mes, esto va a dar un número que será tu **Margen de Ganancia Bruta (MGB)**, es decir, lo que está entrando al negocio por cada venta, recuperando lo que invertiste en la materia prima.

Así tenemos: **MGB**= C-V

Luego, a ese total **MGB**, réstale los **Gastos (G)** que implica tener el negocio operativo (alquiler, luz, internet, transporte, publicidad, entre otros) para que obtengas tu **Ganancia Neta (GN).**

Así tenemos: **GN**= MGB-G

Si el resultado es positivo, estas teniendo ganancias reales con tu negocio, si el resultado es negativo, esto te indicará tu Pérdida Neta, lo que te obligará a analizar dónde puedes mejorar para salvar tu negocio o simplemente abandonar la idea para no seguir perdiendo tu dinero ni tu tiempo.

Otra buena noticia es que con tu **Margen de Ganancia Bruta** puedes proyectar el negocio a varios meses. Sigamos con el ejemplo de los vasos de jugo congelados. Ya sabemos la cantidad de ventas que se necesitan para ganar $200 mensuales, si quiero multiplicar la ganancia, es decir, $400 mensuales, lo que debo hacer es invertir el doble en materia prima y publicidad, para poder duplicar el número de personas consumiendo mi producto.

Así que, desde ahora, por favor, toma consejo y comienza a trabajar maduramente en tu emprendimiento. ¡Ah! Y una última cosa, recuerda siempre incluir el costo de tu mano de obra en cada producto o servicio que vayas a vender, porque si no te pagas primero, créeme, te convertirás en esclavo de tu negocio. Para ello, busca la tabla de salario mínimo que el Ministerio de Trabajo de tu país tiene tabulado y verifica el costo por hora.

Que no te agarren "con los calzoncillos abajo"

En mi defensa siempre alego: *"Soy inocente, hasta que se demuestre lo contrario"*, así que, mientras no vayas a cometer un delito, tienes que darte la oportunidad de explorar si lo que has creado atraerá o no clientela y dinero a tus bolsillos, pero, como dice el refrán *"persona precavida vale por dos"*, deberás tener tus cartas bajo la manga.

Así es que, para que no te agarren "con los calzoncillos abajo", te pido que atesores este capítulo hasta que llegue el momento indicado de formalizar tu empresa. Eso lo descubrirás en el camino.

El término Blindaje Legal Empresarial, que aprendí de la mano del abogado Elvis Ureña – un hombre capaz de "dejar el pellejo" en el campo jurídico para formalizar negocios desde cualquier parte del mundo -, se refiere a proteger tu negocio para que puedas pasar de la etapa de niño a adolescente y fortalecer tu negocio:

1.- Crear un nombre y verificar que esté disponible: Para ello, existen plataformas en cada país en las que puedes investigar su disponibilidad. En caso contrario, los abogados sabrán qué hacer para darte una respuesta. Personalmente, recomiendo que los nombres de las empresas sean cortos y simples de recordar. Debes estudiar, junto a alguien que sepa de mercadeo, lo que mejor se ajuste a la misión y visión que quieres desarrollar, para que haya concordancia con el nombre.

2.- Define el tipo de empresa: Lo más recomendable para iniciar es que registres tu empresa como Persona Natural, pues te ayudará a pagar menos impuestos y a optar por un financiamiento o ser beneficiado con un programa de "capital semilla" en tu país. Esto también te ayudará a recibir beneficios fiscales, pues la mayoría de los gobiernos crean políticas para incentivar la inversión nacional o extranjera.

Si esta figura no funciona en el lugar donde vives para operar como empresa, debes buscar otras alternativas como una Sociedad Anónima, Organización Sin Fines de Lucro, Cooperativa, etc. Por ejemplo, en Panamá se creó la Sociedad de Responsabilidad Limitada, la cual beneficia enormemente a los emprendedores durante los 5 primeros años de su creación. Te contaré más detalles en el último capítulo, pues tú puedes pensar en invertir en este país que es una puerta abierta para los extranjeros.

Ten en cuenta que en la medida en que vayas creciendo, podrás asesorarte para expandir tu negocio como sucursal, franquicia, multinacional, etc.

3.- Registro fiscal: Indispensable y fundamental para que comiences a infundir respeto como empresario o empresaria de tu país. No le tengas miedo a este proceso. Si bien es cierto que con la inscripción legal de tu negocio se generarán deberes y derechos, no es menos cierto que los pagos de las obligaciones tributaria son asumidos tanto por ti como por tu cliente, es decir, que no todo lo pagarás tú; además, debes valorar que esto existe desde hace siglos, y que su objetivo fundamental es que el Estado pueda tener ingresos para invertir en salud, educación, gastos públicos y suavizar las crisis.

Tener una identificación fiscal te permitirá emitir facturas. Y esto, además de generar reconocimiento formal de tu negocio ante el Gobierno, entidades financieras y clientes, transmitirá respeto, compromiso y responsabilidad.

Es importante saber que tendrás que pagarle a un Contador o Contadora Autorizado(a) para presentar tu declaración de impuesto ante el Estado, ya que este profesional es quien certifica las facturas de los gastos y las ventas que has tenido en tu negocio anualmente.

Al principio, si tienes pocas ventas en el año, no te toca pagar ni un dólar por tus ventas al Estado, salvo los impuestos fijos que se adjudican a cada empresa según su categoría, y éstos tampoco son tan costosos.

4.- Registro en el Municipio: Para el caso de los países donde predomina la descentralización, deberás dirigirte a la alcaldía más cercana. No te asustes, porque allí también tendrás que pagar un impuesto. A veces, el pago es mensual o, en muchos casos, un pago anual. No te resistas a dar este paso: recibirás un certificado que colocarás en un punto visible de tu negocio como constancia de que eres contribuyente activo.

Hasta aquí puedes operar legalmente y sin preocupaciones, pero, para que tengas un blindaje legal verdadero, toma en cuenta los pasos sucesivos que podrás hacer a corto o a mediano plazo:

5.- Registro de Propiedad Industrial: Si quieres que el nombre de tu marca, logotipo y eslogan sean tuyos de por vida, o una patente, para que nadie plagie lo que has creado, este paso será de gran utilidad. En tu país debe existir la oficina de Propiedad Industrial, adjudicada, por lo general, al Ministerio de Industria y Comercio. Allí debes entregar los requisitos solicitados y esperar a que hagan una investigación exhaustiva para garantizar que el nombre de tu empresa no existe en ninguna otra parte del mundo, o que tu invento es único. Una vez que sea verificado todo lo anterior, te entregarán un documento que te hace propietario absoluto de tu marca. Así podrás dormir tranquilo o tranquila, y seguir adelante con tu negocio.

6. Permiso Sanitario de Operación: Este es un requisito indispensable si estás trabajando con alimentos que pretendes vender en el mercado.

El Registro sanitario es la autorización y el control que ejerce el Ministerio de Salud sobre los productos fabricados, importados, envasados o comercializados en el país, de interés sanitario, previa verificación del cumplimiento de los requisitos establecidos en el marco legal correspondiente.

7. Certificado de Fumigación del local: Todo local debe poseerlo y se realiza a través de compañías debidamente acreditadas.

8. Permiso del Cuerpo de Bomberos: Todo local debe poseerlo, y deberás solicitarlo ante el cuerpo de bomberos más cercano a tu negocio.

Por último, quiero que tomes en cuenta los siguientes pasos complementarios, valiosos para cuando decidas tener una nómina de colaboradores:

7. *Registro ante el Seguro Social*: En todos los países, tiene rango de ley, la obligación de registrar tu empresa en el Seguro Social para tener un número de identificación como patrono de tus trabajadores.

Para explicarte la razón de una forma simple, este proceso garantiza el derecho humano a la salud y a la asistencia médica, además de la protección de los medios de subsistencia para cuando la persona se encuentra en la edad de jubilarse.

Te darás cuenta que a medida que vayas cumpliendo cada paso, tu emprendimiento irá tomando forma de empresa y tú irás transformando tus estrategias de negocio. Como todo, tendrás momentos de satisfacción y momentos de estrés, pero sentirás que todo vale la pena cuando veas lo que has logrado.

Si quieres ponerte en contacto con Elvis Ureña acá te dejo su web para que conozcas todos los servicios profesionales que ofrece su bufete www.chielslawfirm.com.

Plan de Negocios: ¿En verdad lo necesitas?

Si el abogado te ayuda con la parte legal y el contador con las finanzas ¿quién te ayuda con tu Plan de Negocios? En realidad, la mejor persona que puede ayudarte en este paso será un emprendedor que ya esté ganado dinero con su idea de negocio. También puedes postularte en un proceso de "incubación" (que te explicaré más adelante) para que recibas dinero mientras desarrollas el negocio, bajo los parámetros de la empresa postulante, por lo general, universidades, entidades bancarias o algún programa del Estado.

La pregunta del millón es: ¿En verdad necesitas un Plan de Negocios para emprender? La repuesta: Depende de que tanto sepas "menearte". Hasta ahora, nadie que haya construido el Plan de Negocio conmigo me ha podido afirmar que gracias a ese paso hoy es exitoso, muy por el contrario, el Plan de Negocio surge cuando en realidad has entendido cómo monetizar tu idea de negocio y quieres subir de nivel, porque todos, en algún momento, queremos dejar de ser niños y ser como cualquier adolescente con cédula en mano: explorar lugares a los que nunca antes habías tenido acceso.

Así que aquí te voy "abrir los ojos" para que visualices el camino de este proceso complejo y apasionante, pero, por ser aun virgen en los negocios, tendrás que imaginar que estas estudiando algo de **Kama Sutra** (antiguo texto hinduista que trata sobre el comportamiento sexual humano) para cuando te toque "menearte" y demostrar de qué estas hecho.

1.- Matriz FODA: Si no viste la explicación en el primer capítulo, te invito a que pases por allí y conozcas de qué se trata esta matriz. Ahora debes centrarte en ver a tu empresa como una persona a quien estás analizando sus fortalezas, oportunidades, debilidades y amenazas.

2.- Estructura ideológica: Si no lo tienes, debes saber que en algún momento tendrás que escribir misión, visión y valores de tu negocio. Aquí puedes expresar todo lo que será tu emprendimiento a futuro, lo que aún no tienes pero que quieres lograr alcanzar. Escríbelo con la certeza que se te abrirán las puertas y céntrate en el tipo de rubro que ofrecerás: turismo, educación, alimentación, agricultura o cultura, entre otros. Recuerda, además, escribir tus principios o valores irrenunciables: honestidad, esfuerzo disciplina, franqueza, integridad, colaboración, entre otros.

3.- Estructura del entorno: Tanto si has estado en la calle como si has estado en internet ofreciendo tus productos o servicios, seguro que ya has tropezado con tu competencia. En este punto, deberás hacer una investigación más a fondo: cuáles son las redes sociales o web de tus competidores, que tipo de clientes atienden, razón por lo que los elijen, dónde están ubicados sus productos o servicios y a qué precio los venden, entre otros detalles que te permitan descubrir cómo puedes hacer las cosas diferentes o mejor en tu negocio.

4.- Estructura mecánica: Es más profundo de lo que te imaginas, pero sólo tú sabes cómo desarrollar este punto. Es el más confidencial y no puedes compartirlo con cualquiera. Se trata del proceso de producción, el proceso de promoción y el proceso de entrega. Para desarrollar efectivamente esta estructura, mi consejo es que primero redactes todo desde tu posición como un empresario y luego cómo si fueras tu propio cliente. Es una forma de confrontarte y darte cuenta si las estrategias que estás llevando a cabo son efectivas o debes mejorarlas en tu Plan de Negocios.

5.- Estructura Financiera: Lo que venía diciendo sobre comenzar tu contabilidad desde el primer momento en que inviertes un dólar, es tu clave para este punto. Con esa información recolectada, podrás definir el valor de tu producto, costos variables, ingresos, egresos, cuentas por pagar/cuentas por cobrar, proyección, entre otros. Para cuando domines esta información, ya deberás tener en la mira a un contador que trabaje para tu negocio, pues necesitarás diversos análisis que cuantifiquen tu estado actual con relación a las ventas y las finanzas, entre otros.

6.- Recurso Humano: Al principio somos "todero", pero, si hace caso a lo que promuevo sobre la economía colaborativa, te darás cuenta que tendrás más manos amigas de las que imaginas. Tus aliados pueden ser desde el *delivery* hasta tus proveedores, desde los organizadores de ferias hasta los medios que utilizas para promoverte. Todo dependerá de cuánto quieras expandirte. A la orden para guiarte sobre la conexión ideal que debes hacer para abaratar costos y unir esfuerzos.

Ahora bien, si tu emprendimiento requiere obligatoriamente de personal, toma en cuenta que ante se hablaba del organigrama de la empresa y el rol de cada cargo. Hoy en día, los equipos de trabajo con los que cuenta un emprendedor son personas verdaderamente empoderadas, así que junto a ellos debes redactar un cuadro donde detalles las tareas que se necesitan para cumplir eficientemente los cargos. Esto es clave para saber el tiempo que necesitas de sus servicios (si será permanente o no) y el salario mensual. Así podrás contar con un equipo altamente efectivo, que podrá desarrollar otras actividades y no se sentirán uno esclavos.

Mi trabajo es decirte toda la información de una forma que se te haga fácil de ejecutar. Cuando comiences hacerlo, seguro algunos puntos no serán tan agradables ni rápidos de desarrollar, pero no te preocupes, ve a tu ritmo, pero eso sí, debes proponerte una meta para culminarlo: una semana, 15 días, 20 días o un mes, y cuando comiences ¡no pares! Hasta lograrlo.

Si quieres compartir conmigo tu Plan de Negocios, o lo que tengas desarrollado hasta ahora como un paso a paso de lo que debes ejecutar en tu emprendimiento para cumplir con tus clientes, estoy abierta a darte mi retroalimentación sin costo alguno. Ya tú eres parte de nuestra comunidad con la compra de este libro y para ti también hay beneficios. Si quieres una reunión virtual conmigo, busca mi contacto en la contraportada del libro.

Cuentas Bancarias vs Monederos virtuales

Antes de cerrar este capítulo, quiero anexar aquí lo valioso que son los monederos virtuales y el poder de tenerlos como una "carta bajo la manga". Mientras más métodos de pagos tengas, menos excusas tendrá la gente para no comprarte.

Así que te toca ajustarte a la nueva realidad. ¿Cómo lo vas hacer? Utilizando las herramientas que se ofrecen en tu país. Algunos bancos te dan la oportunidad de abrir la cuenta desde una aplicación, como fue mi caso, y todos los documentos solicitados fueron de forma digital. Al principio, me informaron que podía recibir hasta máximo 2 mil dólares al mes, pero hoy en día, tengo ilimitado el monto de depósitos y hasta tarjeta de crédito con el mimo banco.

Como emprendedor, puedes abrir una cuenta de ahorro con tu cédula, una constancia de trabajo o con el documento legal de tu empresa, en algunos casos, será necesario que tengas copia de la declaración de renta.

Las entidades bancarias ofrecen el servicio de punto de venta en locales o un aparato que se anexa a tu celular que funciona con una aplicación para que puedas cobrar a tu cliente en donde quiera que te encuentres.

Otra muy buena alternativa son los monederos virtuales, ya que todo se realiza a través de un clic desde tu dispositivo móvil o una computadora. Entre los más reconocidos y aceptados en varias partes del mundo se encuentran: *PayPal, Wester Union, Binance, Payonner, Yappy, Nequi, Neteller, Zeller, Skrill, TransferWise, Stripe, MoneyGram* y *Autorize.net.*

Lee el siguiente artículo que te describe 8 de las plataformas más utilizadas en América Latina:

Top 8 mejores billeteras virtuales en dólares: https://financetoday.site/finanzas-personales/top-8-mejores-billeteras-virtuales-en-dolares-internacional/

Ahora que te has nutrido con toda esta información, debes haber entendido que, aunque no sean millones de dólares, necesitarás una entrada de dinero adicional para ir dándole forma a tu empresa. Te voy a ayudar en el siguiente capítulo dándote algunos datos de negocios que puedes trabajar paralelamente. Recuerda, solo es temporal, así que fluye en tu proceso con gozo y alegría.

Apuntes importantes:

CAPÍTULO VII

Movimiento mundial de "Vírgenes en los Negocios"

Un movimiento mundial que sigue creciendo

Entender que existe una forma de disponer de productos o servicios, a través de la conexión que nos permite hoy las redes sociales y, mejor aún, ser un consumidor que no acumula cosas, sino que más bien las comparte, hizo que en mi mente explotara una lluvia de ideas que me dejó clara la forma en cómo hay que monetizar los emprendimientos apoyándonos unos con otros. Así, cuando dejamos de ser "Virgen en los Negocios", ya no nos duela tanto… "el bolsillo".

Los que aún no tienen claro el panorama, (descuida, no es tu culpa, yo tuve que poner manos a las obras para entender la locura que te acabo de describir en el párrafo anterior), primero te detallaré varios beneficios de la economía colaborativa, a través de ejemplos, que de seguro hará que tú también comiences a aplicarlo.

Caso 1: *Alquiler temporal:* No te imaginas cuántas personas necesitan un espacio para poder trabajar. Desde grabar un video para *YouTube* hasta un área para procesar la materia prima de sus productos o, aún más sencillo, una oficina donde atender un caso que, por ser solamente un caso, no necesita "poseer" una oficina por un mes ni por un año completo. Solución: Alguien que disponga de un espacio puede alquilar por horas o por días y cobrar mucho más barato. Estarán pagando el alquiler del local entre todos. ¡Es genial, ¿verdad?!

Caso 2: *Productos y servicios ocasionales:* Lo que se llama trabajar *outsourcing*, es decir, tener un profesional por horas y pagar puntualmente lo que se necesita; o bien sea utilizar algunos de los bienes de una persona para un trabajo rápido y sencillo, como por ejemplo, un taladro para abrir un par de huecos en la pared, en vez de comprarlo, alquílalo una hora y listo.

Caso 3: *Aliados comerciales:* Esta es una de las que más me gusta porque hace que el crecimiento de un emprendimiento sea inevitable. Supongamos que eres el creador de un producto, venta de comida rápida, y te das cuenta que cada vez llegan más y más clientes; no tienes espacio en tu local para atenderlos a todos. Solución: Haz alianza con un Delivery y comienza a ofrecer el servicio a domicilio. Ganas tú y multiplicas los beneficios del otro emprendedor.

Caso 4: *Gestión Colectiva:* Hermosa por demás esta forma de hacer economía colaborativa. Lo visualizamos claramente en las ferias y bazares donde los emprendedores exhiben su mercancía. Los organizadores de estos eventos, tienen el compromiso de buscar un lugar donde la gente puede estar cómodamente, ambientar con música, invitar a las personas por medio de la radio o las redes sociales, en fin, se ejecuta una serie de logística para que un gran número de personas puedan disfrutar de una actividad como esta.

Espero que con estos 4 casos te haya quedado claro el trabajo que encierra ser parte de la economía colaborativa y los beneficios que trae consigo. Si quieres conocer casos más impactantes que han involucrado a millones de personas, te invito a que busques información de *Uber*, *Airbnb*, *Wallapop*, e incluso, analiza el beneficio de los dueños de cualquiera de las redes sociales que utilizas hoy.

Para complementar esta información que me apasiona y que deseo convertir en punta de lanza de mis eventos, te dejo un video que sé que te hará clic a la propuesta de economía colaborativa:

YouTube de Ted – Rachel Botsman: en defensa del consumo colaborativo

El Canal de los Emprendedores

Siempre he tenido la convicción de que los emprendedores saldremos adelante trabajando en equipo. De allí, nace la marca que vengo trabajando desde el 2018 *El Canal de los Emprendedores*, y su eslogan *"juntos llegaremos muy lejos"*.

Al principio intenté ofrecer servicios de publicidad a los emprendedores a través de un sitio web, pero, consciente de que muchos estaban comenzando, me dediqué a promover sus productos gratuitamente. En realidad, la obra social me llenó de mucha gratificación, sin embargo, la empresa no fue sostenible en el tiempo.

En mi afán de mantener la filosofía de la economía colaborativa, comencé a documentarme sobre cómo crear una fundación. Como soy bastante curiosa, entré en Internet para buscar información al respecto. Después de asimilar todo lo encontrado, me di cuenta que existen más fundaciones de las que imaginaba. De hecho, los expertos recomiendan que, más que abrir una nueva fundación, es preferible unirse a una existente y apoyar su causa.

Pensar en que podía monetizar así a El Canal de los Emprendedores, era casi imposible y, tal vez, jamás lograría cumplir el sueño de convertirlo en una industria de producción audiovisual.

Actualmente, esta empresa sigue en reinvención, hasta que pueda unirse a una fundación como un pilar de su misión social. Tampoco descarto que sea yo quien pueda elevarla a una fundación que tenga como motor la economía colaborativa.

https://elcanaldelosemprendedores.com

El Canal de los emprendedore en la Web

Las Ferias. Como dice la abuela: "sino muestras, no vendes"

La buena noticia es que existen varias formas de proyectarse mientras das a conocer tu idea de negocio. Recuerda, hay que mostrar lo que hacemos y comprobar si gusta para ver las probabilidades de tener buena clientela a futuro.

Existe cierta controversia entre los emprendedores que se han inscrito en ferias que no venden nada, y otros que se vanaglorian de su éxito las ventas. Yo he sido vendedora y organizadora, y, particularmente, pienso que no hay pérdida de ningún tipo, siempre y cuando preste atención a lo que te diré a continuación.

Todo lo que hagas debe de ir acompañado de una buena actitud, pero, adicional, necesitas ir a la feria con una estrategia, pues debes estar por delante del resto de los compañeros que, al igual que tú, tendrán las mismas probabilidades de vender a la misma cantidad de clientes que entren a la feria.

Para que reflexiones y le des el verdadero valor a este punto, me gustaría compartir un relato que he extraído del libro **La Inteligencia del Éxito** de Anxo Pérez (2016), el cual dice así:

"Ubícate en una escena en donde un grupo de personas están listos para una competencia de caracoles. Todos los participantes hacen su mayor esfuerzo por escoger un caracol que los lleve al éxito de la carrera. Sin embargo, tú has estudiado la neurociencia y consigues insertarle un chip al caracol para que cada vez que le indiques hacia qué lado moverse, lo haga: derecha, izquierda, adelante o atrás. Al colocar los caracoles en el piso, todos sus dueños pierden el control del mismo, ya que son animales errantes que, tal vez, cuando ellos los

animen a caminar hacia la meta final, probablemente caminen hacia donde se les indique. En cambio tú, que te has preparado para participar, tienes un caracol que puedes dirigir desde el mismo momento en que lo colocas al suelo. Por supuesto, que sabes quién se va a llevar los aplausos en esta historia…el caracol que fue preparado previamente por su amo con un chip" (Pag. 39)

Esto es lo que llama Anxo Pérez el peldaño de los Resultados Dirigidos, algo necesario para que las situaciones que experimentamos tomen el cause que queremos o, de lo contrario, el resultado prácticamente estará a la suerte. Es un velero en el mar sin rumbo fijo, solo atracará en donde encuentre un pedazo de tierra.

Por eso, quiero darte ideas para que hagas un Planificador, que partirá desde el momento en que busques las ferias más ajustadas a tu nicho de mercado, pasando por la preparación previa al evento, hasta lo que debes hacer para que los clientes lleguen a tu stand y tus ventas sean más altas que la de tu competencia.

Comencemos recordando que tu rol es de vendedor. Presta atención y concéntrate en que vas a participar con enfoque y propósito. Una feria es la forma más económica y viable para dar a conocer lo que haces. No es mentira lo que dice la abuela: *"sino muestras, no vendes"*.

Acciones previas: Inicia buscando en redes sociales las ferias que se realizarán en los meses venideros, desde las que estén cerca de tu zona hasta las que estén en otras provincias, departamentos o estados. ¿Por qué? Porque debes lucir un *stand* o puesto de venta que incite a visitarlo. Para ello, deberás prepararte con suficiente mercancía, mantel y adornos como flores artificiales, globos o luces para decorar.

Además, Si aún no tienes *banner* o cartel con tu logo, debes buscar un lugar donde lo impriman y que se ajuste a tu presupuesto, por último; en ese mismo rubro debes imprimir tarjetas de presentación para tener a disposición, en caso de que la necesites para concretar una venta más adelante, bolsas con tu logo y, si es posible, calcomanías, llaveros o cualquier material que entre en tu presupuesto y que puedas regalar con la compra *in situ* (en el sitio).

Inscríbete para ir a la feria y comienza a promover la actividad en tus redes sociales, tal como si tú fueras quien lo organiza. Lo básico es indicar el lugar, la fecha y la hora de la feria (eso nunca puede faltar), pero, adicional, te voy a enseñar otras estrategias para promoverte llamando la atención de tus seguidores.

Para que tu stand tenga más visitas realiza un *Give Away*, que no es otra cosa que ofrecer a tus seguidores en redes sociales un regalo a cambio de que hagan algunas acciones: compartir el anuncio, dar me gusta y hacer un comentario, etc. Una de las condiciones será que el o la ganadora deberá retirar el premio el día de la feria. Ya verás que esa persona invita a más personas, e incluso, puede llevarse otra compra ese mismo día.

Los regalos puedes ser algunas mercancía o servicios de tu empresa, y si quieres dar más regalos, utiliza los certificados, ¿qué es esto?, te lo explico a continuación.

Se trata de una tarjeta de consumo en tu *stand* que vale 5$ - 10$ o 15$, o puedes alternar con descuentos de 5% - 10% o 15% en productos determinados. Esta táctica podrá garantizarte clientes visitando tu puesto, pues tendrán la precepción de compran más barato.

Link para crear certificados desde créate.vista.com:

https://create.vista.com/es/templates/gift-certificate/

Durante la feria: Llegado el día del evento, quiero que te sientes y observes a tu alrededor. Si te fijas bien, tus principales clientes los vas a tener todo el día cerca de ti. Sí, y no te estoy mintiendo.

Ellos son los emprendedores que, como tú, están en la feria esperando que alguien les compre. Si estás en este capítulo del libro, eres una persona afortunada, pues ya te he dicho lo que vas hacer antes y ahora lo que vas hacer durante el evento. Aquí, las relaciones interpersonales serán tu herramienta más valiosa.

Sé amigable y muestra tu disposición de colaborar en todo lo que puedas. Visita los espacios de todos y cuéntales lo que vendes. Si alguna persona te parece muy agradable, ofrécele un descuento o regálale un certificado. Con ellos también puedes incentivar el "trueque", es decir, pídele algo que te guste de sus productos y entrégale algo a cambio de tu mercancía, sin mediar la intervención de dinero.

Ahora, veamos lo que harás con los visitantes externos. El secreto está en el mensaje que transmitas durante las horas del evento.

Las personas deben saber que los certificados y descuentos **son solamente** durante el **día de la feria**. Así que hazles sentir que es **¡hoy, o nunca!** También debes hacer **apetecible** tu **mercancía**.

Claro, si es comida, es más fácil porque tienes que hacer que todo se vea rico, pero si es otra cosa, debes decirle a la gente que no va a encontrar en ningún lado algo mejor de lo que vendes.

Debes contar si eso que vendes beneficia a alguna causa social, contribuye a cuidar la naturaleza, para que las mujeres se vean más bonitas o para que los hombres se vean atrevidos y decididos. Apóyate de los mensajes que te enseñé en el **Capítulo III sobre *"Los 12 arquetipos de la personalidad"*.** Haz que la persona te siga en tus redes sociales, pero, ¡de una vez! Que saque su celular y te busque en *Instagram*, *Tik Tok*, *YouTube*, *Facebook* o en donde te encuentres. Diles que allí tienes más fotos de cosas que no pudiste traer a la feria, pero que si las encargan, recibirán los descuentos de la feria y tu prepararás el pedido para entregarlo posteriormente.

Ten en cuenta que de igual forma te llegarán clientes que no tienen certificados ni participaron en el *Give Away*, incluso, es primera vez que te compran. Para ellos, ten a la mano eso que te dije anteriormente que debías tener para regalar: calcomanías, llaveros, bolígrafos, gorras, etc.

Después de la feria: Primero debes medir el éxito de tu participación en la feria. Esto se evidencia en las ventas, que se traduce en dinero dentro de tu bolsillo y más contactos almacenados en tu celular, ya que al final del día tendrás los números telefónicos de los compañeros de la feria y los nuevos seguidores que obtuviste con tus relaciones públicas.

Así que el siguiente paso que harás, no inmediatamente, espera unos 2 o 3 días, será enviarles un mensaje a tus nuevos amigos con la mercancía que no vendiste acompañado de un texto como el siguiente:

"Saludos Fulanito… espero la hayas pasado genial en la feria donde nos conocimos. Esta es parte de la mercancía que no vendí. La tengo a mitad de precio. Si hay alguna que te guste, házmelo saber. Entregaré este fin de semana todos los pedidos a domicilio gratis".

Este es un ejemplo, pero siempre deberás trabajar en base a lo que más se ajuste a tu presupuesto. Particularmente, yo abogo por los remates, ya que esto nos permite recuperar toda la inversión y comprar productos nuevos.

Si te fijas bien, participar en una feria nos involucra nuevamente en una economía colaborativa, pues sin emprendedores no pudiese realizarse el evento. Así que los organizadores deben tener un trato especial contigo y con cada uno de tus compañeros, por lo que deben estar garantizados los espacios de hidratación, baños públicos y preferiblemente aire acondicionado (aunque en áreas verdes o donde no sea necesario esto quedaría sin efecto).

Postulaciones: incubadoras y capital semilla

Si tuviera al frente a mi abogado, estaríamos en discordia con este punto del libro. A su juicio, las postulaciones de incubadoras de empresas y capital semilla son "un arma de doble filo", lo que quiere decir que, así como puedes ganar dinero para potenciar tu negocio, también puede ocurrir que no obtengas ni un centavo y, además, correr el riesgo de que alguien intente copiar tu idea.

Particularmente, quiero confesarte que en ambos casos tiene razón, y lo digo por experiencia propia, pero, de todo esto te llevas la preparación profesional con la que elaborarás tu Plan de Negocios ajustado a tu idea. Y como siempre digo "te podrán robar las ideas, pero jamás tu talento", así que te invito a que lo intentes una y otra vez, pues es más lo que se gana que lo que se pierde, y nadie va hacer las cosas mejor que tú, que llevas la pasión por dentro.

¿Dónde puedes postularte? Las primeras entidades en promocionar estos eventos son las universidades de tu país, el Gobierno Nacional, desde las oficinas de la Micro, Pequeña y Mediana Empresa, o desde entidades bancarias como el caso del Banco Interamericano de Desarrollo y el Banco Mundial.

Si quieres encontrar más incubadoras de empresas en el exterior, pero con operatividad en tu país, te invito a que revises esta lista de 10 empresas sin fines de lucro que te dejo a continuación:

1.- Incuba UC: Santiago de Chile

2.- Wayra: Argentina, Colombia, Chile, México, Perú y Venezuela

3.- Nxtblab: Nace en Argentina con presencia en toda América Latina. Tiene sede en Colombia, México, Chile y Uruguay.

4.- INNPulsa: Colombia

5.- Ciudad del Saber y Senacyt: Panamá

6.- Fundación Repsol: España

7.- Endeavor: Nace en Estados Unidos con presencia en 60 ciudades de Europa, América Latina, Norteamérica, África, Asia y Medio Oriente.

8.- Sebrae: Brasil

9.- Acumen Fund: Sede principal en Nueva York con oficinas en Colombia, Africa, Londres, Pakistán e India.

10.- Acción Venture Lab: Estados Unidos, Colombia, India, China, África y Asia.

Toma en cuenta que, en este proceso deberás prepararte para recopilar información importante de tu negocio, desde la estructura ideológica hasta la estructura financiera, todo ello con el fin de que justifiques la estrategia que realizarás para ejecutar el Plan de Negocios, en caso de que se te adjudique una gran cantidad de dinero.

Ya a esta altura debes saber que estoy a la orden para apoyarte en la elaboración de tu proyecto. Afortunadamente, he podido integrar un equipo confiable y con vasta experiencia para apoyar a los empresarios del futuro. Lo único que tienes que hacer es enviar un correo con datos de tu emprendimiento al correo elcanaldelosemprendedored@gmail.com.

Crowdfunding

El *crowdfunding*, o micromecenazgo en español, es el término que se utiliza para agrupar a una red de financiamiento colectivo, especialmente conformado por personas altruistas que dan un aporte de capital a los aspirantes. Para que tú seas beneficiado, deberás registrarte en alguna plataforma del país donde resides, que ofrezca este servicio, y explicar mediante texto e imágenes lo que deseas lograr.

Me gustaría darte una lista donde puedes registrarte, pero estos sitios deben ser estudiados cuidadosamente, pues en muchos países no existe una ley que los regule, por tanto, se puede prestar para fraude. Otra de las cosas que he notado es que muchas plataformas no han tenido la suficiente proyección, por lo que pocas veces las personas reciben ayudan.

Particularmente, me ha resultado útil hacerlo directamente con mis amistades. A muchos los contacto por teléfono y a otros personalmente. Para este libro te voy a contar lo que hice. Escogí a un grupo de personas con perfil emprendedor, los invité a una reunión por teleconferencia digital y les conté lo que estaba haciendo. Les dije que necesitaría personas que me apoyaran para imprimir los primeros ejemplares del libro. Siempre debes ofrecer un beneficio para que la gente quiera ayudarte. Ellos recuperarán su dinero teniendo 1 asesoría de la autora totalmente gratis, válida durante 1 año.

De esto se trata la economía colaborativa: todos colaboramos y todos nos beneficiamos, puede ser del talento de otros, del dinero o de algún conocimiento que nos hacía falta para avanzar.

Desde ahora, puedes decir que eres miembro de este movimiento, pues con la compra de este libro, reuniré parte de las ganancias para que un emprendedor legalice su empresa. Si quieres ser la persona beneficiada, debes escribirme desde alguna de tus redes sociales y estar dispuesto a ser sometido a una entrevista para calificar tu desempeño y ser uno de los afortunados ganadores.

Para cerrar este capítulo, quiero compartir con ustedes un video motivacional, pues la economía colaborativa tiene mucho que ver con el amor y el merecimiento:

YouTube Cristian Mendoza: Cadena de Favores Infinita- Video realmente increíble

Apuntes importantes:

CAPÍTULO VIII

Un alivio para tus bolsillos mientras emprendes

Mi opinión de las redes de mercadeo

Hoy día las redes de mercadeo son justas y necesarias. Son una buena opción para una persona desempleada y son las mejores universidades para aprender sobre emprendimiento, liderazgo, imagen empresarial, marketing digital y ventas.

Siempre tendrás que desarrollar la red, es decir, buscar personas que estén por debajo de ti haciendo lo mismo que tú. Ellos traerán más personas y, por ende, tendrás más capital. Otra de las ventajas es que la marca la posicionan todos los que están metidos en el negocio. Escoge la más popular de tu país "y con buena fama" y verás que las ventas se te darán fácilmente.

¿Qué debes hacer para no fracasar? Vender algo que te guste. Las más famosas redes de mercadeo son las de salud, pero también las hay sobre educación, finanzas, cosméticos, productos de limpieza, criptomonedas, entre otros. En realidad, las redes fracasan por culpa de las mismas personas. A muchos se les da mejor hablar mal de su propia empresa que reconocer que no venden porque sencillamente no han aprendido a seguir las instrucciones de sus líderes.

Otro error que comenten los *networkers* (así se les llama a las personas que distribuyen productos y servicios por medio de una red digital) es que piensan que para este trabajo no se tiene jefe ni horario, les cuesta entender que son proveedores y deben encontrar clientes, e incluso, que deben consumir los productos para que se conviertan en la marca, para que respiren la marca y sientan cómo sus clientes sienten cuando consumen la marca.

¿Y qué pasa con mi emprendimiento? Pues nunca debes dejarlo por fuera. No te miento, al principio vas a tener que trabajar menos tiempo en tu idea de negocio para que puedas estudiar la empresa que te ha acobijado para generar ingresos extras, pero no te desanimes, pues mientras estés generando dinero para tus gastos básicos, aumentará tu poder adquisitivo y podrás pagarle a alguien para que te administre las redes sociales, construya tu página web o, mejor aún, compres más cantidad de materia prima o comiences a formalizar tu empresa. Para todo ello se necesita dinero, y tú lo estarás generando.

Recuerda estas palabras de un famoso refrán *"hay que sembrar hoy para cosechar mañana"*. Así que no pierdas el enfoque. Lo bueno es que cuando tengas que salir de la red para continuar con tu proyecto, todos los meses tendrás ingresos residuales de las personas que hayas metido por debajo de ti y te quedarán los contactos de los clientes y de los *networkers* que conociste durante esta experiencia. Más adelante te servirán para venderle tus productos o servicios.

Yo hice red de mercadeo y aprendí mucho, pero no me fue bien, ya que lo que vendía no me gustaba ni siquiera para mí. La ventaja fue que conocí muchas personas de otros países; fue así que ocurrió algo, conocí un joven que me enseñó sobre la idea de negocio que les contaré a continuación.

Mi opinión sobre Forex

Forex: ¡Ufff! Que maravilloso y complicado es el mundo de la bolsa de valores.

Es una profesión que debes aprender de la mano de expertos. Así que, si quieres tener dinero de forma rápida, esta no es una buena opción, pero si quieres tener suficiente dinero como para comprar un local y montar tu negocio, aquí lo podrás encontrar.

Mi socio Héctor Coote y yo hemos estudiando para operar con Forex desde el año 2018. Para estar activos en esta plataforma debemos conocer sobre mercado de divisas o, lo que es igual, al valor de los diferentes billetes del mundo según la oferta y la demanda del mercado. También leer mucho sobre negocios de grandes corporaciones.

En el camino, hemos ganado y perdido dinero; hemos controlado nuestras emociones para no perderlo todo, y también hemos recibido buenos y malos consejos que nos ha costado el dinero que ya habíamos ganado, pero eso no nos ha detenido, estamos convencido de que lo vamos a lograr.

Para comenzar, debes **tener claro** que **necesitarás** el servicio de **un corredor de bolsa**.

Estos son intermediarios en la operación de compra y venta de valores financieros y acciones que se cotizan en la bolsa. Los más confiables están en los bancos, pero piden muchos requisitos, por eso, te recomiendo que te asesores con otra persona que esté ya en Forex para que te recomiende su corredor. Te cobrarán una comisión cada vez que operes, pero es seguro que recibirás tu paga, si ganas.

Ya te di mi opinión sobre Forex. Si quieres ganar bastante dinero no dudes en dedicarle tiempo y estudio. Esto te va a quedar para toda la vida, y ya después que sepas operar, sólo te tomará pocas horas del día para analizar el mercado e invertir donde lo consideres. Ah, se me olvidaba, este negocio solo puedes hacerlo de lunes a viernes, los fines de semana no trabaja la bolsa de valores, así que los fines de semana tienes todas las horas disponibles para tu emprendimiento.

Mi opinión sobre los afiliados

Marketing de afiliación: Esta es otra habilidad que puedes adquirir para generar ingresos extras.

Solo que debes ser muy cauteloso a la hora de escoger para que no te roben el tiempo y ganes solo limosnas, o no veas el dinero jamás y se te olvidó leer las letras pequeñas en donde dicen que tu país no aplica para pagos de divisas.

Existen algunas páginas que te pagan centavitos por ver publicidad diaria; para esto solo necesitarás los ojos, no cerebro, porque si te pones a sumar, no ganarías por hora lo que te pagarían por un sueldo mínimo. Pero si quieres ganar más cantidad de dinero todos los días, debes estudiar.

Tengo una amiga, llamada Key Manotas, que es una experta en esto. No les miento, esta mujer ha gastado más de $2000 aprendiendo sobre afiliaciones y ventas de productos digitales. Además, invierte su tiempo en una plataforma donde vende infoproductos, es decir, material digital. Ella solamente revende, no tiene que crear un curso ni un libro para hacer dinero.

Esta plataforma es de origen brasilera y se llama ***Hotmart.*** Este tipo de **economía colaborativa** es genial.

Se hacen alianzas entre el creador de contenido y el que hace la promoción después del curso, taller, manual, etc., es decir, tú. ¿Viste cómo todos ganan?

Si quieres hacer este negocio, deberás crear un blog o una página web con contenido atractivo y comienza a publicar para que tengas tráfico de personas. Si te parece muy complicado, entonces hazlo desde tus redes sociales, pero, de igual forma, debes estar promoviendo contenido de valor dirigido a las personas a las que quieres llamar la atención para que luego compren tus productos.

Ahora, si quieres ir más rápido, te recomiendo que aprendas de plataformas como *Google Adsense*, *Amazon* e incluso *Hotmart*. Todas tiene cursos gratuitos. Aunque yo recomiendo los pagos, ya que quienes tienen experiencia nos regalan los tips más importantes.

YouTube, Spotify, Amazon KDP, Audible, etc.: Hay muchísimas plataformas para generar ingresos pasivos. Ya vez cómo los *influencer* están ganando dinero con videos que publicaron hace un año en *YouTube*. O los que hacen podcast en *Spotify* y también ganan mucho dinero. Ni hablar de los que publican un libro o se dedican a hacer audiolibros con el respaldo de *Amazon*.

Ya existen libros que te enseñan los negocios más rentables por Internet. Así que busca más sugerencias para que escojas una y te vuelvas experto en esa. Será la forma más probable de que triunfes haciendo un dinero extra.

Aquí te dejo el link del Manual **"Actos Textuales para Crear tu Primer Libro"**. ¡Anímate a escribir! Y recibe regalías todos los meses con libros de tu autoría.

"Actos Textuales para Crear tu Primer Libro" de Heidi Pereira:

https://www.amazon.com/Actos-textuales-crear-primer-Spanish-ebook/dp/B0C7W6716T

Plataformas de economía colaborativa

En realidad, la sugerencia anterior también trata de economía colaborativa, pero las que te enseñaré a continuación son más populares y podrás hacer clic con mayor facilidad.

Seguro has escuchado de *Airbnb*. Se trata de una plataforma digital dedicada a la oferta de alojamientos a particulares y turísticos; los anfitriones pueden publicitar y los interesados contratar el arriendo por esta vía. Aquí se beneficia tanto el dueño de la empresa como la persona que consigue todos los alojamientos del país de destino en un mismo lugar.

Te aconsejo que habilites un cuarto en tu casa, o invites a un familiar que tenga la disposición, para que juntos hagan el negocio y ganen un dinero extra.

Seguro también debes conocer *Uber*. Es una empresa que ofrece servicio de movilidad a través de una aplicación. El dueño de un vehículo se postula para los traslados, con una tarifa sugerida, y las personas pueden escoger el chofer que les dará el servicio.

Te invito a que conviertas tu carro en un activo haciendo un servicio similar a *Uber* en tu ciudad. Te voy a contar algo, el carro que tengo hoy lo pagué en 73 letras valoradas en 110 dólares cada una, las cuales pagué con un servicio como este, llamado *Indrive*. Muchas veces lo que se necesita es quitarse la pena y aprovechar los recursos que ya existen, hay un mundo de posibilidades a tu alrededor.

Busca plataformas como *Workana* o *Fiverr* para ofrecer servicios como *freelancer* con tus habilidades y conocimientos. Podrás trabajar por periodos de tiempos cortos para no interrumpir el ritmo que llevas con tu emprendimiento y, de esta manera, ganarás un dinero extra.

Una sugerencia algo loca

Y llegó el momento de lanzar la sugerencia más loca de este libro. No podía evitarlo, es parte de mi ser explorar cosas fuera de lo normal. Y créanme que no me ha ido tan mal con eso, es más lo que se goza que lo que se sufre.

El escritor Pablo Coelho en su libro **Verónica antes de Morir** escribió *"Mantente loco, pero compórtate como una persona normal. Corre el riesgo de ser diferente, pero aprende a hacerlo sin llamar la atención".*

Entonces **mi consejo** es que **te emplees** un tiempo en una empresa, así podrás conocer desde adentro el **modelo de negocio** para, luego, **seguir el ejemplo** y construir tu **propio negocio**.

¿Quéeeee?... Así quedarán muchos pensando y buscando una explicación racional en su cerebro, pero créeme que, si tomas mi consejo, tendrás una visión más clara de cómo debes desarrollar tu negocio.

Les voy a contar un ejemplo "caso de la vida real" que yo misma experimenté. Para el año 2014 yo estaba decidida en convertirme en la Robert Kiyosaki de Latinoamérica, ya me había leído una docena de libros de su autoría y sabía que sus mayores riquezas provenían de los bienes raíces. Para ese entonces, yo apenas tenía un apartamento propio, así que debía aprender qué hacer con esta propiedad y cómo apalancarme de los bancos para pedir dinero prestado con el fin de comprar, no uno, sino dos apartamentos.

La meta era llegar a comprar un terreno y construir un hotel. Debía hacer que mis propiedades me dieran dinero para llegar a esa meta. ¿Cómo iba hacerlo? Ni idea, no sabía nada sobre bienes raíces, pero si estaba clara en lo que quería. Hasta que un día "se me iluminó el cerebro" y tomé la decisión de renunciar a mi empleo y convertirme en Asesora Inmobiliaria de una reconocida franquicia internacional.

No quiero hacerles largo el cuento, pero aprendí tantas cosas en esa empresa: el valor del terreno vs el valor de la construcción, la documentación legal para ventas con hipotecas a través de bancos o al contado, los costos, valor según la ubicación del local, los impuestos a pagar, los precios de remate, los servicios básicos de la propiedad, el tipo de material en las que son construidas para determinar su valor, el cuidado de las áreas comunes, el costo de venta o alquiler de un local o un depósito, el valor de una tierra en la ciudad o en el interior del país, etc.

Y lo mejor de todo, es que me pagaban muy bien mientras aprendía todo lo que necesitaba para mi proyecto. Así que, de esta idea loca, el mejor resultado es que te pagan por aprender. Mientras nadie sepa lo que tienes en planes, tendrás a disposición toda la información que te puedan aportar desde la empresa, el resto te corresponde a ti, generando la experiencia con esos clientes que, posiblemente, en el futuro serán clientes nuevos para comprar tus productos o servicios, y desde tu negocio.

Apuntes importantes:

CAPÍTULO IX

¿Qué pasa si no sabes "cómo hacerlo"?

Desde casa y con poco dinero

Si llegaste a este capítulo y tu cabeza no aterriza en una buena idea que te ayude a dar el primer paso para dejar de ser "virgen en los negocios", entonces presta atención a los siguientes consejos.

Mi experiencia me revela que, lo que la mayoría de la gente anda buscando, es comenzar con negocios desde casa y con poco dinero. Así que, en las siguientes líneas, encontrarás algunas maneras de comenzar a generar dinero:

1.- Cuidado de perros: Aunque no lo creas, este es un negocio que tiene mucha demanda. Las personas que contratan estos servicios cuentan con un buen poder adquisitivo, por tanto, si su trabajo los obliga a viajar por períodos mayores a una semana, ellos querrán que cuides a su perrito y te pagarán bien por ello. Debes pedir que tengan las vacunas correspondientes, que te dejen la comida con la ración diaria y su correa.

Te invito a que visites la página www.petkii.com. Te enamorarás de este emprendimiento original de Panamá. Su especialidad es el cuidado de mascotas desde sus instalaciones y en periodos largos, pero, además, han implementado un sistema de economía colaborativa. Los cuidadores de perros de cualquier parte del país pueden ofrecer el servicio que te acabo de describir y proyectar con más efectividad su emprendimiento en esta web:

https://www.petkii.com/

2.- Guardería fitness: Así como los jóvenes y adultos buscan mejorar su figura constantemente, los niños también necesitan hacerlo. Puedes innovar abriendo una guardería que se destaque por promover actividades que haga que los pequeñines se muevan y se diviertan mientras aprenden. Busca a alguien con un parque grande o una piscina, y trabajen como un equipo.

Mira todos los servicios que ofrecen en Colombia desde las instalaciones del *Gym For Kids*:

https://gymforkids.co/

3.- Belleza: Aquí puedes acaparar clientes de toda la periferia de tu casa. Si tienes conocimientos de peluquería, cuidados de manos, pies y uñas, e incluso de masajes, tienes una gran oportunidad de ofrecer este servicio. A la gente le gustará darte su dinero a cambio de que la consientas un poco.

También piensa en la posibilidad de dar talleres y de vender los equipos y productos requeridos para este negocio. Mira este ejemplo desde España, es un salón de belleza con su propia vitrina de productos digitales:

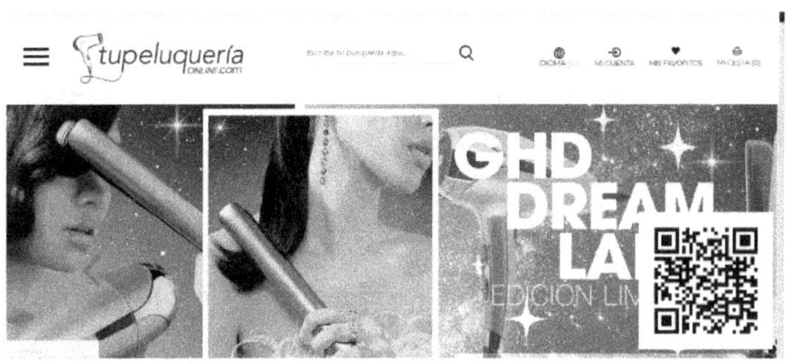

https://www.tupeluqueriaonline.com/

4.- Hospedaje: Si tienes un cuarto lleno de "chécheres", es decir, objetos inútiles o con poco uso, es hora de que los arrincones en otro lugar y limpies esa habitación. Acondiciónala para brindar hospedaje por días a alguien que esté pasando por tu zona. De igual forma, será útil para estudiantes o personas que trabajen todo el día. Yo, en una oportunidad, lo hice con una chica que trabajaba de día, estudiaba de noche y se iba a casa de su familia los fines de semana.

5.- *Venta de comida:* Este negocio siempre tendrá demanda y es muy rentable. Puedes vender cosas sencillas de preparar, como donas, ceviches, churros o helados. Te garantizo que siempre tendrás dinero en los bolsillos, pero el mejor negocio es la venta de almuerzos y "comida rápida" como *pizza*, *hot dog* y hamburguesas. Sólo asegúrate que todo el menú sea apetecible, pues este mercado es muy competitivo.

Te comparto este portal con ideas geniales para vender comidas, trucos y la forma de apalancarte con Internet. Aunque su creador es de México, estoy segura que podrá funcionar en tu país:

https://joinposter.mx/post/comidas-negocio-familia

6.- *Libros de bajo contenido:* Esto es una maravilla para quien quiere generar ingresos pasivos sin esforzarse mucho. Los libros tienen la particularidad de que lo haces una sola vez, y luego generas dinero por siempre, claro, debes saber algo de marketing para vender.

Sé que con la inteligencia artificial muchos se han convertidos en escritores, pero, ya todos sabemos la mala fama que han tenido por acuñarse las ideas de la máquina que los ayuda. Por eso recomiendo libros de bajo contenido, es decir, de dibujo, sopa de letras, *sudoku*, agendas y libretas, entre otros.

Solo tienes que aprender a utilizar algunas plataformas que hacen el trabajo de diseñar y crear una portada llamativa. Y, por supuesto, para vender, *Amazon* es la mejor opción para impresos o digitales. Te muestro algunas de mis publicaciones para este modelo de negocio:

Aquí hay otros cuadernos, agendas y planificadores creados por mi:
https://www.amazon.com/s?i=stripbooks&rh=p_27%3Aodim a+P

Soy asesora literaria y doy talleres sobre este tema. Tengo una *Mastes Class* Gratis en YouTube. Tengo el *link* publicado en mi *Instagram* @elcanaldelosemprendedores. Sígueme y busca tu *Master Class* GRATIS.

Inversiones moderadas

Por supuesto, a mayor inversión mayor margen de ganancias y, en muchos casos, menos trabajo pesado. Veamos que tal te va con alguna de estas ideas:

1.- Turismo: Este mundo es fascinante y cada día hay más personas con deseos de tomarse unas vacaciones en lugares maravillosos, sin mucho lujo y con poco dinero. Puedes convertirte en bloguero de turismo o crear una revista digital, tener un programa de radio o *podcast* para hacer publicidad desde esas plataformas. A estas mismas personas, ofrécele recuerditos alusivos a los hermosos lugares que promueves para que potencies tu servicio y ganes más dinero.

Si tu pasión es la comida, fusiónalo con una forma innovadora para el turista, por ejemplo, crea un paquete para viajeros que puedan dormir en tu casa y haz que se adentre en tu cocina para que les enseñes a preparar platillos típicos de tu país o zona. Esto también aplica para bebidas o cualquier preparación que se te ocurra.

Por último, te recomiendo unir varios servicios y crear algo auténtico, como, por ejemplo, un fin de semana romántico para recién casados en el que incluyas el hospedaje en un cuarto decorado con globos, desayuno con mariachis y sesión de fotografías. De esta forma, te convertirás en el cómplice de una luna de miel inolvidable.

Para esto necesitarás el apoyo de una persona que ya cuente con reserva de cuartos. Tú ocúpate de los detalles y contrata un buen grupo de mariachis.

2.- Máquinas expendedoras: La verdad es que esta idea de negocio me encanta. Si logras atinarle bien al mercado y encontrar aliados donde colocar máquinas expendedoras, te puedes extender por todos los rincones del país donde resides. Las que nunca pasarán de moda son las máquinas de café, sodas o gaseosas y snack; incluso las máquinas de pesos también mantienen vigencia en el mercado, pero con la diferencia que ahora están programadas para medir la altura de la persona y la presión arterial como complemento.

Actualmente, encontramos máquinas expendedoras que sus dueños han incluido artículos de uso diario como bolsas con alimentación saludables, medicamentos, toallas sanitarias y condones, e incluso libros; otras tendencias son las máquinas de reciclaje que dan la opción al usuario de recibir una paga por cada producto que deposite.

Las de impresión también son una maravilla, desde una fotocopia hasta una fotografía sin necesidad de que nadie te atienda; las máquinas de limpiar zapatos también son una buena alternativa, así como la máquina de batidos saludables, sólo necesitas ubicarlas en el sitio ideal, como en este último caso un gimnasio o una cancha deportiva.

Este tipo de negocio puedes hacerlo de dos maneras. La primera es comprando la máquina, preferiblemente desde China, que es el país líder en estos equipos, o apalancándote en una franquicia que te permita imponer una tendencia en tu país. Te voy a dar un ejemplo, *The BreadBot*, es una franquicia americana que creó la máquina robótica de hacer panes frente a ti. Esta innovación tecnológica mezcla, hornea y enfría una barra de pan en cuestión de minutos. En total, este robot puede producir 235 barras de pan al día, trabajar 24 horas sin parar y sólo necesita 30 minutos de limpieza diaria.

Si quieres más asesoría, tengo para ti una cartera de contactos, que te puede ser útil. Espero tu llamada a mi celular.

3.- Impresoras 3D: Te has tardado mucho sino has pensado en invertir en una máquina 3D. Al principio lo más difícil será entender cómo funciona, pero ya verás que cuando entiendas estarás produciendo piezas únicas. El material que más se utiliza y es de costo accesible es el termo plástico. La inversión inicial no pasa de 5 mil dólares. Puedes realizar bikinis, zapatos, carteras, billeteras, vestidos, aretes, dijes, anillos y collares; lentes, carteles publicitarios, cubiertas de prótesis en el sector salud, juguetes, platos, moldes para repostería y cualquier utensilio de cocina; recuerditos, estuches para celulares, personajes de video juegos, adornos de jardines, llaveros y todo lo que puedas personalizar.

A medida que los usuarios van descubriendo su potencial, también van generando otros **productos con arte en 3D** o cualquier objeto que se pueda ver en forma tridimensional, como el **ecosonograma de un bebé en gestación**.

En algunos países, estas impresoras se usan como hologramas en 3D, que son impresos sobre tu café y hasta en tu galleta.

Este mercado sigue creciendo y promete trabajar en proyectos más grandes como paneles solares, maquetas, estructuras para edificios e incluso diseños de carros. Quiero aclararte que las tintas que se utilizan para la impresión son muchas, desde materiales termoplástico, filamento, polvos de nylon, resinas, metal, grafito, papel y fibra de carbono, entre otros.

4.- Ventas de fajas: Hay países donde las mujeres que han dado a luz cuidan más de su belleza que en otros, y la cirugía plástica muchas veces no es la mejor opción por sus costos y riesgos, por eso, una buena alternativa, es utilizar fajas para cuidar su figura; para ellas es un producto casi obligado. Te voy a decir un dato curioso y presta atención.

Colombia siempre ha sido el líder en ventas de **fajas** y, **en el 2020**, cuando todo el mundo estaba preocupado por el encierro y la pandemia, este país **registró 41 millones de dólares en exportación** de este producto a 30 países.

Con esta información lo que quiero decirte es que la faja se vuelve cada vez más una pieza de la ropa íntima de las mujeres. Así que no lo pienses más e invierte en este producto, bien sea comprando al mayor o llevando a tu país una franquicia.

Inversiones innovadoras

1.- Food truck: Si te gusta la cocina y viajar, este modelo de negocio es para ti. Una de las mayores ventajas de convertir una camioneta en un restaurante ambulante, es que puedes aprovechar todas las ferias, festivales y celebraciones locales para vender comidas y bebidas. Si tienes un *food truck* tus gastos mensuales serán mucho menos que en un local, sólo te tocará rentar un cuarto, principalmente para asearte, en los lugares adonde decidas emprender tus viajes.

Si no quieres arriesgarte o viajar mucho, pues entonces puedes detectar diferentes puntos de tu ciudad en las horas de mayor movilización, donde puedes desarrollar el servicio de comida. Por supuesto, nunca está de más que muestres un valor agregado a tu negocio, como servilletas personalizadas o simplemente obsequia un café gratis mientras tus clientes esperan ser atendidos.

2.- Lavandería café o lavandería a domicilio: Por décadas este negocio se sigue manteniendo a la vanguardia y los clientes que utilizan este servicio siempre están dispuesto a pagar por tener su ropa limpia y seca en el mismo momento que terminan de lavar. Si tienes en mente crear un negocio como éste, una buena alternativa es que hagas alianza con una cafetería que tenga espacio para colocar las máquinas de las lavanderías. Te sirve para abaratar costos y que tengan más clientes felices.

Otra alternativa es que le facilites la vida a este tipo de clientes y hagas todo tú por ellos, incluso ir a buscar la ropa hasta su casa. Te invito a que te atrevas a tener una lavandería y pienses qué valor agregado puedes darle a los clientes. Te aseguro que no te irá mal, pues siempre hay quienes no tienen secadora o no tienen capacidad para lavar una cobija pesada o sencillamente no saben cómo lavar sus zapatos.

Te voy a contar algo nuevo que aprendí con un emprendedor que creó una aplicación en la ciudad donde vivo sobre lavandería a domicilio. Los clientes se registran, luego indican la cantidad de piezas a lavar, secar y planchar. El siguiente paso es dejar la bolsa con la ropa en un buzón que la empresa ya ha instalado en el edificio, para ser retiradas antes de las 10 de la mañana. El pago se hace por transferencia y el mismo día, en horas de la tarde, ya toda la ropa está limpia y seca en el mismo lugar donde la dejaron.

3.- Rentas de oficinas colaborativas: Es justo y necesario. La verdad, hacen faltan espacios compartidos, donde los emprendedores puedan ejercer sus primeros pasos y darse a conocer.

Puedes rentar un local, o incluso una casa vacía, la cual se pueda ambientar para determinados servicios como, por ejemplo, cuartos para terapias y tratamientos de salud. Los cubículos pueden ser alquilados por horas al estilo de una oficina o un área para un taller. Si tiene cocina, excelente. Hoy muchos profesionales del arte culinario generan contenido para sus redes sociales y necesitan un ambiente silencioso y decorado para tal fin.

Y si todo esto te parece enredado, pero dispones de un buen terreno en tu casa, pues conviértelo en un estacionamiento. Créeme que cuando pongas el letrero, te sorprenderás la cantidad de vecinos que tienen más de un carro y necesitan un espacio seguro donde aparcarlo.

4.- Guardería en espacios de trabajo: **Dirás** ¡en serio!, pues es totalmente cierto. Cada día hay más tendencias a que emprendedores y empresarios se estrechen la mano y comiencen a generar negocios sectorizados, como en el caso de satisfacer las necesidades de sus colaboradores. Si cuentas con un buen amigo empresario, siéntate a conversar con él sobre crear una guardería dentro o muy cerca de su negocio. Te aseguro que, si cuentas con un buen plan y con las personas que te acompañarán en el proyecto, no sólo tendrás éxitos, sino que habrás sumado un socio que te respalde.

5.- Agronegocios: Si están pensando en un negocio perdurable en el tiempo, que ni las guerras ni una pandemia mundial pueda quebrarlos, pues lo mejor siempre será invertir en la producción desde el campo. Muchos se quejan de que el margen de ganancia es muy bajo y los riesgos muy altos. Realmente, para todo hay excepciones, definitivamente los de mayor demanda son los que menos pagan, pero cuando le das un valor agregado a tu producción porque procesas alguno de ellos, es cuando llega la magia de producir dinero "como monte".

Aquí te voy a enumerar 4 que, con poco dinero, te puede dar buenos resultados. Queda de tu parte que investigues más del negocio:

Fertilizantes: En una oportunidad, mi amigo Annel me trajo lombrices californianas que coloqué en el patio de mi casa, y con una pequeña construcción, estaba todo listo para obtener el "humus" (un líquido que emana del proceso de esta crianza) que se utiliza como especie de una vitamina, que se puede comercializar en potes pequeños. Su demanda está en crecimiento para huertos orgánicos.

Cultivo de hongos: Súper fácil. Con una pequeña inversión y algunos conocimientos, en pocas semanas estarás generando ingresos.

Plantación Hidropónica: Otra tendencia más, y que se puede comercializar en todas las casas del mundo.

Floristería: Este es uno de los negocios minoristas de agricultura más rentable por su diversidad de usos. De todas ellas te voy a dar un consejo, dedícate a comercializar flores secas. Estas son utilizadas para todo tipo de arreglos, desde los tradicionales ramos de flores hasta decoración como cuadros, tarjetas y qué decir de cajas decoradas con flores secas.

6. *Alquiler de canchas de futbol:* Créeme que es uno de los pocos deportes por el que los chicos de hoy estarían dispuestos a abandonar la consola de video juegos para hacer alguna actividad física. El trabajo y la inversión es poca. Además, puedes aprovechar el espacio para una cafetería, bien sea que la administres tú o alquiles el espacio, y hasta para vender los equipos requeridos para jugar: zapatillas, medias, gorras y uniformes.

7. *Inversiones compartidas:* Por último, pero no menos importante, siempre he predicado el eslogan de que "juntos llegaremos muy lejos", así que, siempre habrá posibilidad de encontrar a alguien que tenga dinero, que quiera invertir en tu proyecto, y otra persona que tenga una buena idea para no tener que dejarle el destino de tu dinero al banco.

No te asustes, ya sé que uno no quiere que le roben la idea de negocio y el otro no quiere que le roben su plata. En primer lugar, lo mejor es que el creador del proyecto y el inversionista tengan un documento privado y notariado con los acuerdos.

Consejo caso emprendedor: escribe que tú eres el dueño del sistema de negocio que se está creando y que es intransferible, y así, el día que decidan cerrar el negocio, el inversionista podrá quedarse con todo lo invertido, pero queda prohibido que duplique el modelo que se estaba llevando a cabo para hacer dinero.

Consejo caso inversionista: invierte en maquinarias, estas serán las únicas seguras que podrás recuperar, porque tendrás facturas, por ende, serás el dueño absoluto. También debe quedar claro en el documento, cuál será el retorno de inversión mensual acordado, recuerda que al final tú eres un prestamista.

Ahora bien, el alquiler de local deben pagarlo a medias. En los convenios se hace hincapié en el tiempo de duración del contrato. Con el tiempo, ocurrirán dos cosas: el negocio es tan bueno que se amplía y terminan quedando como socios de 50 % y 50 % de las acciones o se termina el contrato y cada uno se queda con lo que haya ganado durante el tiempo del negocio en ejecución.

Estos son apenas algunos negocios que puedes generar ahora mismo, pero, siempre deberás buscar más información, porque cada vez se están creando nuevos y mejores modelos de negocios. Yo también estaré pendiente para compartirles más ideas en mi portal o en mis redes sociales.

Estamos llegando al final del último capítulo, y sólo me queda felicitarte por haber llegado hasta aquí. Lo que más deseo es que, además de aprender a perder la virginidad en los negocios con dolor y placer, te quede gustando… sígueme para que continúes aprendiendo conmigo, porque tengo libros para que aprendas sobre el dinero y cómo generarlo también.

Lo que leerás en el siguiente capítulo es el ejemplo de un emprendedor que con su idea logró transformar a un país entero. Si te inspiran su historia, podrás enfocarte y hacer lo mismo impactando muchas vidas.

Apuntes importantes:

CAPÍTULO X

Una historia de éxito

Ley de Sociedades de Responsabilidad Limitada

por Raúl Fernández

Un político en la familia emprendedora

aúl Fernández, es abogado de profesión y empresario por vocación. Con una gran disciplina logró superar el número de firmas requeridas para ser aspirante político independiente de Panamá para las elecciones del 2019. Gracias a su esfuerzo, ocupó una silla en la Asamblea Nacional bajo la figura de Diputado durante el periodo 2019-2024.

Su visión fue puntual: Cambiar el sistema del emprendimiento, a través de leyes ajustadas a la realidad, con procesos contemporáneos que faciliten los procesos de legalización, con miras a dignificar las ideas de negocios y los emprendimientos de los ciudadanos.

Luego de tener una entrevista en su bufete, decidí indagar sobre la forma de hacer emprendimiento en el rubro de la política.

Su meta principal fue crear la Ley de Sociedades de Responsabilidad Limitada, sin embargo, logró primero que se aprobara la Ley de Teletrabajo (Nómadas Digitales), luego la de su campaña electoral, y seguidamente la de Telesalud. Esto modernizó los servicios en Panamá.

Sin duda alguna, su actuación en el Parlamento fue icónica y se hizo más relevante luego de votar en contra de la aprobación de una ley que permitía la explotación de cobre en tierras panameñas. Los pronósticos no estaban a favor de su decisión, ya que la mayoría de los legisladores la aprobaron, e incluso el Presidente de la República de ese entonces, firmó y pretendió poner en ejecución.

Pero toda la nación se paralizó en rechazo profundo por dicho contrato. El pueblo alzó su voz y la empresa canadiense cesó sus servicios tras la decisión de la Corte Suprema de Justicia que declaró inconstitucional la Ley 402 del 20 de octubre de 2023. Acá te dejo la noticia resumida:

Corte declara inconstitucional el millonario contrato minero que desató masiva protesta en Panamá
https://www.bbc.com/mundo/articles

Ahora que les he dejado claro el impacto de este emprendedor en todo un país. Voy a escrudiñar el proceso previo a estos logros.

Entre amigos nació un nuevo líder nacional

Para mí era obligatorio indagar cómo Raúl Fernández pudo subir a la palestra pública siendo una persona emprendedora que apenas era famoso entre sus amigos, familiares, clientes y proveedores. Y esta fue su historia:

"Al principio 5 amigos y yo teníamos un local llamado "Bar 6", era para compartir socialmente. Luego me gradué de abogado y desde entonces mi vida ha sido como el de muchos otros emprendedores,

me casé y tuve dos hijos, me estabilicé con un negocio a fin a mi carrera, por eso, el tiempo para el negocio social fue declinando.

Como todos mis amigos estaban igual que yo, nos reunimos un día a hablar sobre la situación país y decidimos ir a conocer a varios aspirantes políticos con el fin de darles el espaldarazo para su campaña".

La sorpresa fue mayúscula al darnos cuenta que ninguno tenía una visión digna de impulsar. Fue cuando alguien se le ocurrió decir que nosotros mismo teníamos que involucrarnos. Mayor sorpresa cuando fui señalado como el idóneo para tal fin. *¡ Yo, a quien solo conocían en mi casa… y ellos!*

Pero alguien me hizo una pregunta que me puso la capa de "Súper Macho *Man*":

- *¿Qué, no te atreves?*

Y! Saz!, a los pocos meses Raúl ya estaba entre los candidatos independientes para el cargo de Diputado del Circuito 8-4.

- *"Claro, no fue soplar y hacer botellas, tuve que caminar y hablar bastante".*

Le pedí que detallara un poco más su mágica estrategia para convertirse en político independiente, sin el apoyo económico de un partido:

"Descubrí que los políticos cuentan con asesores que les enseñan estrategias para dirigirse a las masas. No es lo mismo dar mensajes a

una junta directiva, que dar un mensaje a muchas personas sin importar la edad, sexo, religión, educación y otros tantos detalles. Entonces busqué una persona que me enseñara el arte de la comunicación política, alguien capaz de hacer que mi discurso hiciera clic con una propuesta que se viera creíble y se asemejara a mis principios.

Todos me cobraban ´un ojo de la cara´ (literal), hasta que alguien me dijo:

- *´Me comprometo a ser tu asesor político si tú te comprometes a ser uno de los primeros con más firmas como independiente´.*

La meta mínima eran 2 mil firmas y yo recaudé 7 mil firmas, lo que me dio una gran ventaja por encima de mis contrincantes. Quedamos 3 postulados como independientes y solo ganamos 2."

Raúl se siente orgulloso de este triunfo, ya que demostró que la vieja forma de hacer política, esa que depende del presupuesto de un partido y sus aliados empresarios, no es la única forma de vencer.

Parte de sus estrategias en esta campaña, contiene enseñanzas del libro **El Arte de la Guerra** de Sun Tzu. Además, Raúl Fernández asegura que la disciplina no puede faltar en ninguna persona que desee convertir su emprendimiento en un éxito.

Te dejo aquí el link de su web. Hay mucho más del trabajo que este emprendedor ha dejado como antecedente en la Asamblea Nacional con miras a que sea impulsado por los próximos legisladores.

Portal de Raúl Fernández:
https://raulfernandezdiputado.com/labor-legislativa/

Para el momento que sale publicado este libro, Raúl Fernández pretende ser reelecto en el cargo, solo por el deseo de concretar algunas otras leyes, y su campaña, en esta oportunidad, estará dirigida a crear la Ley de Crowdfunding, tema que hemos desarrollado en el **Capítulo VII** y que explica el gran beneficio para personas que cuentan con recursos financiero para apoyar ideas de negocios.

Esta historia es un caso real y, como responsable del contenido de esta obra literaria, anexo este capítulo como una historia para inspirar a otros. Es una forma de demostrarles que lo que predico sobre el emprendimiento y la economía colaborativa nos humaniza, porque al final, cada uno somos una pieza del rompecabeza y debemos estar en todos los escenarios que mueven a un país apoyándonos unos con otros.

Agradecimientos

Desde que entendí que "todos somos un todo" siento gratitud por cada ser humano que llega a mi vida. Desde los que dan buenos aportes hasta lo que incomodan mi zona de confort haciéndome ver lo que no me gusta.

Quisiera dar más detalles de todas las personas involucradas en este proyecto, pero pecaría de olvidar a alguno. Gracias a todos los que fueron cómplices en esta primera entrega de libros para emprendedores.

Y gracias a ti amigo lector. Hoy tienes la posibilidad de cambiar tu mundo e impactar la vida de las personas que te rodean. Comienza con miedo, pero comienza de una vez por todas. No estás solo/a, aquí tienes una aliada y seguiré escribiendo todo lo que necesites saber para lograr tus metas.

Créditos

Corrección de texto:

Jesús Mora Contreras

www.researchgate.net/prolife/Jesus-Mora-Contreras

Manuel Rivas @rompecokos

Maquetación del libro y diseño de la portada:

@elcanaldelosemprendedores

Fotografía de portada

José Antonio Gil @mambriche

Ilustradora:

Helen Manzano +507-6204-6865

Copyright

Referencia de portales Web

https://www.amazon.com
https://www.makinglovemarks.es
https://raulmoreira.com
https://www.canva.com
https://linktr.ee/
https://www.instagram.com/gianlucavacchi
https://financetoday.site
https://elcanaldelosempren.wixsite.com/
https://create.vista.com/es
https://www.petkii.com/
https://gymforkids.co/
https://www.tupeluqueriaonline.com/
https://raulfernandezdiputado.com

Canales YouTube

https://www.youtube.com/@TEDx

https://www.youtube.com/@ReginaCarrot

https://www.youtube.com/@DANIELHABIF

https://www.youtube.com/@eduCaixaTV

https://www.youtube.com/@PaoMarketingDigital

https://www.youtube.com/@BiiALAB

https://www.youtube.com/@TED

https://www.youtube.com/@CristianMendozaMx

Índice de códigos QR

"...porque juntos llegaremos muy lejos"

Heidi Pereira

Panamá, 25 de enero de 2024